JN012733

すべての人へ

24時間を自由に使えない

尾石 晴
（ワーママはる）

やめる
時間術

Yameru Jikanjutsu

実業之日本社

1つ、質問をします。

「あなたは一体、毎日どのくらい自分のために時間を使っていますか?」

私は長い間、長時間労働型の会社員として働き、仕事ばかりで「自分のために自分が選び、満足して過ごす時間」がほぼない生活をしてきました。

- 外資系メーカー勤務で残業月100時間超え
- 合言葉は「勤務時間報告は少なめに!」(産業医と面談になると困る)
- 長時間勤務で転勤もしょっちゅう
- 国内出張時は行きが始発の飛行機、帰りは終電の新幹線(新幹線のほうが終発が遅い)

当時は「社会人なんてそんなもの。仕事が忙しいのは充実している証拠、忙しいけど皆こうやって生きている」と、当然の生活だと思っていました。

しかし、結婚・出産をして、ここに
- ワンオペ育児
が加わります。

これが7年前です。もう時間が全然ない生活に突入です。「夕ご飯時、子どもには座って介助するが、自分は立ったまま洗い物をしながら食べる」「ボディクリームを塗る暇もなくて、冬は肌に粉が吹いている」など、独身時代の「仕事に追われて時間がない」とはレベルが違うなと痛感しました。

　さすがに、このままではまずいと思い、徹底的に時間の使い方を見直しました。その上で最終的に、この3つの力を磨けば、自分の時間を手に入れることができると気がつきました。

**①見える化力**（今の時間の使い方を俯瞰し、把握する）
**②引き算力**（やらないことを切り分け、費やしていた時間をやめる）
**③足し算力**（人生の目的にあわせた時間や行動を再設定）

　こうして大きく時間の使い方を見直した結果、私は子どもがいてフルタイム勤務でも、毎日1時間半の自分で選んだ満足する時間を作れるようになりました。そして、創出した時間を使い、これらのことを実現しています。

- 不妊治療（顕微授精にて妊娠・出産）
- 不動産賃貸業にてアパート3棟運営・法人設立
- ヨガインストラクター（全米ヨガアライアンスRYT200、瞑想ヨガ）、ライフオーガナイザー ®、メンタルオーガナイザー ®取得
- Voicy（音声メディア）フォロワー2万人超え
- Twitterフォロワー1.4万人超え
- noteフォロワー1.2万人超え
- 月間5万PVのブログ運営
- 月額580円のnoteマガジン発行（購読者400人超え）

もちろん、本業をサボっているわけではありません（外資系企業なので、そんなことをしたら、クビになります）。勤務時間内で生産性を徹底的に上げ、きっちり時間内に仕事を終えて、保育園のお迎えのために18時にはスパッと帰ります。

　それでも、社内昇格試験を受け、マネージャー職に就くこともでき、第2子育休明け後も希望のポジションで復職することができました。趣味の読書も、年間200〜300冊ほど読む時間が取れています。

### 「フルタイム勤務ワンオペ育児なのに、なんでそんなにたくさんのことをする時間があるのですか？」

　私が発信をはじめた2年間で一番多く受けた質問です。私は皆さんより多くの時間があるわけではありません。皆さんと同じ24時間です。

　ではどうやって時間を作れるようになったのか？　私の場合、家事・育児・仕事という3つの枠が急にできたことが、自分なりの「時間の使い方」を徹底的に考え抜くきっかけになりました。

　周りの人には、多くのことを実現するために膨大な時間を使っているように見える、と言われますが、そんなことはありません。ただ**自分にとって「やりたくないこと」「やらなくてもいいこと」を把握し、それらを「（100％）やめると決めた」それだけ**です。何かすごいテクニックを使ったのではなく、引き算をしただけなのです。ただし、これが意外にできない。なぜなら、世の中にあふれる情報の多くは「やったらいいこと、やりたいこと」にあふれていて、ついつい私たちも「やるこ

と」ばかり探してしまうからです。

　本書では、普通の会社員であった私が、仕事と育児を両立しつつ、何度も何度も「時間がない」ことに悩んで試行錯誤した末に編み出した、いわば「やめる時間術」を紹介していきます。みなさんが、ただ読んで終わりにならないように、スモールステップで段階的に実践できるように分解しています。

　この本は「ただ時間がうまく使えない」という人のための本ではありません。家事や育児、介護そして仕事といった色んな条件があるために、自分の好きなように時間を使うことができない人、何かを「やめる」ということに躊躇している人のための本です。そんなあなたのための「時間の使い方」です。

　7年前、時間がなくて毎日を焦って過ごしていた私が知りたかったことを書きました。この本があなたの時間を取り戻すきっかけになればうれしいです。

## 時間がない生活は「自分がない」生活

　共働きで子持ちの30〜40代は、自分のために使う時間が「1分もない」という人が多くいます。

　朝6時前に起きて朝食作り、洗濯をし、保育園に子どもを送り、ダッシュで会社へ向かう。昼食は仕事をしながらかき込み、午後からは帰りの時間を気にしながら全力でこなし、どうにか切り上げて子どものお迎えに走る。そこから夕飯を準備し、洗濯物を畳んでから入浴。翌日の準備をして、子どもの寝かしつけをしたら22時を過ぎ、疲れてしまってそのままバタンキュー……。

　これは女性だけの話ではありません。共働き家庭が増え、仕事だけでなく（これまで仕事だけの人生だったのも問題ですが）、家庭での役割も増えて、自分の時間が取れないという男性も増えています。

　逆に、仕事は順調なのに、家族とうまくいっていないという人もいます（私の父はこれでした。私たちのお父さん世代には多いですね）。
　理由は単純で、時間を仕事ばかりに使っていて、果たすべき家族の役割のために時間を使っていないからです。

　「子どもができてから夫婦喧嘩が増えた。常にパートナーの機嫌が悪い」

なんて方は、そっと胸に手を当てて考えてみてください。

　私たちは大人になり、社会的な役割（会社、パートナー、子ども、親、近所付き合いなど）が増えることで、自分だけではコントロールできない時間が増えていきます。

　しかし、みんな何かしら理由をつけて、時間がない生活は会社員だから……親だから……「仕方ない」「自分ではどうしようもない」と思い、受け入れて頑張ってしまっています。

「幸せになりたくて選んだ生活のはずなのに、時間に追われていて仕事は楽しくないし育児が辛い。夫婦仲も悪くなった」

　こういった声を共働き世代からよく聞きます。

　自分で選んだはずなのに「こんなつぶやきが出る」、本当にその生活で満足なのでしょうか？

　私には、多くの人が「仕事も家庭もどうにか回っているから」と現状を維持するために、自ら無理して忙しい毎日を選んでいるように見えます。

　自分の時間を、時には身体や心を痛めるまで差し出し続ける。そうまでして頑張り続けても誰も幸せになりません。なぜなら、私たちは「やるべきことだけやっていても」真の意味で生きていけないからです。

　**「時間とは、生きるということ、そのものです。そして人のいのちは心を住みかとしています」**。これはミヒャエル・エンデ

『モモ』（岩波少年文庫）に出てくる1節です。

　「忙しいけど、なんだか充実感がない、このままでいいのか?」

　この不満、不安は、実は自分の時間を自分でコントロールできないことで生じてきます。

　「自分の時間」が失われた生活が積み重なると、人間は病んでしまいます。これはなにも共働き世代だけの話ではありません。専業主婦でも、介護をしている方でも、仕事に忙殺される長時間労働者でも、人のために時間を使っている人全てに当てはまります。

　時間の使い方は自分の**「人生の選び方」**なのです。

## 世にある時間術本は
## 「24時間を自分のために使える人」向け

　7年前、フルタイムワンオペ育児で、一気に自分の時間がなくなった私は、やるべき家事、子どもの世話、減らない仕事に忙殺されていました。まさに、「自分の時間」が失われた生活が積み重なりはじめたのです。

　その結果、好きなように仕事をしている（ように見える）夫に対して毎日イライラしてしまい、「なんでこの人は私がこんなに時間のやりくりしているのに自分のことばかりなのか」と憎しみさえ感じていました。

　しかし、ある日、このままではまずいと気がつきます。

　子どもが寝た22時過ぎに帰宅した夫からは「そんなに毎日イライラしているなら、離婚してもいいよ」と言われました。こちらは死ぬ思いで時間のやりくりをしているのに「なんで我慢している私がそんなコト言われなきゃならないのだ！」と怒り心頭でした。

　しかし心のなかでは、このままでは「仕事」の前に、「家族」が崩壊してしまうかもしれない、と気がついていました。私の怒りは夫へ向いていますが、夫へ怒りを向けても時間が増えることはないとわかっていたからです。
　「これは、効率化や時間術を学んで時間を作らないと"時

間貧乏"で死んでしまう！　仕事も家族もダメになってしまう！」
　すぐさま巷にあふれる時間術や手帳術などの本を読み漁りました。

- 毎年、時間がうまく使えるようになるといううたい文句の手帳を買う
- 時間管理アプリを取り入れる
- 夕食の作り置き時短術を調べ、日曜にまとめて作る
- 外注を試せという助言を信じ、ベビーシッターやお掃除をすぐに頼む
- 効率化に適した家電があると聞けば即購入

　時短になると言われていることは色々と試しました。

　しばらくして気がついたのは、**「時間は増えているはずなのにあまり満足感がない」**ということでした。
　私は「とりあえず何かを生活に取り入れたら時間ができる！幸せになれる！」と思っていたのです。

　しかし、その場しのぎの時間術や効率化のテクニックを取り入れたところで、少しの時間ができるだけ。そうして作り出した時間も、ぼんやり椅子に座ってスマホを見たりする始末……。
　私には「時間を作ってどうしたいのか」という明確な目的がなかったのです。

　さらに読み漁った巷の時間術本は、**24時間を自分の好き**

**に使えるような方を対象に書かれていること**がほとんどでした。

　著者のみなさんも、家事や育児は誰か別の方が担っている、そもそも独り身である、子育てや家事が一段落し働き方に裁量権があるなど、「ある程度、24時間を自分で自由にコントロールできる」という状況の人が多いのです。
　自分に24時間の裁量権がほとんどない私が抱えている切実さは、これらの本を読んで、部分的なテクニックを取り入れただけでは、とても解決しなかったのです。

　隙間時間をかき集めるようなテクニックを学んでも、本質的な問題の解決はできませんでした。結局、日々やらなければいけないタスクに追われ、時間をかけて得た情報もどんどん使わなくなりました。

　私はこの中途半端な状態から抜け出すため、**時間術のテクニックに頼るのではなく、自分のための「時間の使い方」を分解していきました**。「自分が満足するもの」「将来につながるもの」「家族が快適になるもの」など、自分が大切にしている軸につながるものを見つけながら、少しずつ自分の力で、24時間を見直していきました。

　そうしてやっと、全てのことをこなしながら、**満足いく時間の使い方**ができるようになったのです。

## 満足のいく時間の使い方とは

　現在、自分はバリバリ働いている、仕事には満足していると自負している方も、仕事以外ではいかがでしょうか?

　子育てや家事、自分のやりたいことまで含めて、満足にできているでしょうか?

　僭越ながら、現在の私のように同時並行で様々なタスクをこなしながら、「自分が満足できる時間」を作れている方は少ないと思います。「仕事はいいけど家庭は……家庭はいいけど仕事では……両方まあまあだけど、自分が満足してるのか?　と言われたら……」という声もよく聞きます。

　多くの人は幸せになりたいと思って家族を持ち、働いているはずです。それなのになぜ時間がない、家庭か仕事か選ばないといけない、自分のことは何もできないという不満を抱え、憂鬱な顔をしているのでしょうか。

　過去の私は、同じような不満を抱え、同じように悩んでいました。このほとんどの原因は、「自分の時間」の有無にあります。

　仕事・家事・育児を綱渡りのように乗りこなし、ずっと「時間」について考えていました。そして、「時間の積み重ねが人生であり生き方である。そのためには時間をどう使い、どう使わないか」を試してきました。

　私が考える「時間が作れる」人とは、**自分の持っている時**

間を「限りある数字」として把握している人です。

　その数字を、引いたり足したりしながら自分の大事な場面で使える人です。

　つまり「自分の生き方」がわかっている人です。

　これらの人は、「自分の価値観」に合わせた「時間の使い方」を選んでいます。

　さらに言えば、時間管理を通じて、ストレスや感情など、「数値化できないもの」までを自分でコントロールしています。

　**この本は「時間の使い方」を見直し、自分の生き方を選ぶための本**です。

　**24時間の采配権が自分にない人のための本**です。

　今これを読んでいるあなたは、「自分の時間をどうにかしたい」と思っているはずです。7年前の私と同じように、「どうやったら時間に追われない生活になるのか」とヒントを求めていることでしょう。

　この本では、私がたどり着いた「時間の使い方」をシンプルに分解しています。読了後には必ず「自分のための時間の使い方」が見えてくるはずです。

　「時間がないのは仕方ない。頑張っている現在は変えようがない」

　なんて思いを抱えている方は、ぜひ本書のエッセンスを参

考に、「自分の時間」を取り戻し、満足のいく生き方を選んでみてください。あなたの時間を選べるのはあなたしかいないのです。

第 **2** 章

## タイムパフォーマンス
## 向上術

第 **3** 章

## やめる時間術のカギ
## 時間の「引き算」

## 時間にまつわるQ&A ――――――――――― 169

# 時間がない！思考から抜け出す

## 常に焦っている「時間がない」病

　私は予想通り、第1子育休明けに仕事に復帰した途端、全く時間がない生活に陥りました。

　毎朝7時に家を出て、保育園に息子を送り、通勤中にメール処理。午前中はミーティングや会議に出て、お昼ご飯は「とりあえず何かお腹に入ればいい」とコンビニのおにぎり1個を、キーボードを打ちながら頬張る。

　通常の業務に加え、突発的な上司からの依頼や、緊急案件の対応に追われて、気づけば17時半。保育園のお迎えのため、18時には退社しなければならない。残りの30分で、家で持ち帰ってやるための業務の整理をし、挨拶もそこそこにダッシュで会社を出る。

　帰宅してからもドタバタです。子どもにご飯を食べさせてお風呂に入れ、洗濯や洗い物など最低限の家事を済ませたら、持ち帰ったパソコンを開いて、持ち帰り業務をします。あっという間に時間は経ち、「時計を見たらもう24時！　明日も5時半に起きないと！」と慌てて寝室に向かい、ベッドに入って3秒で就寝……。

　こんな生活が毎日続いていました。

　当然、趣味のヨガや読書なんて全くできず、とりあえず土日が来るのを待つのみ。土日は土日で、平日にできなかった掃除や買い出しが待っているため、「自分の時間」なんて

夢のまた夢。何かを意欲的に行っているというよりは、ただひたすら「やっつけ仕事」をしているような日々です。

　それでも私は、生活リズムさえつかめばこの状況は改善すると考えていました。でも、職場復帰した4月から蝉が鳴く季節になっても、同じような生活が続きました。

　**常に焦っている。なぜだかわからないけど、いつも焦燥感がある。**

　今だからわかるのですが、その時の私は「やること、やらなければいけないことが多すぎるために時間がない」と考えていました。「全てのことを私がやらなきゃ誰もやってくれない。休めば職場に迷惑がかかる。私が頑張らなければ子どもが困る」とも考えていたので、精神的にも辛い状況が続きました。

　これが私の7年前の状況ですが、現在同じような状況に陥ってしまっている人は多いのではないでしょうか。まずここで問いたいのは、**そもそも私たちが「やること、やらなければいけないこと」とは何なのでしょうか。**

　「仕事、子どもの世話、家事」

　言葉にするとシンプルですが、この中にはそれぞれたくさんのタスクが含まれています。
　仕事であれば、メール処理、資料作成、部下のマネジメ

ント、子どもの世話であれば保育の送り迎え、寝かしつけ、家事であれば料理・洗濯・掃除……とタスクを挙げればキリがありません。

　当時の私はこうやって「やっていることや使っている時間」を分解せずに大雑把に捉え、ただ漠然と「これもやらなきゃ、あれもやらなきゃ」とものすごく焦っていました。もっとも大切な**「やめる」**という選択肢を考えることもできていなかったのです。

## 時間がない生活を選んでいるのはあなたです

「どうやったら、自由に使える時間が増えますか」

そんな私が今、一番多く受ける質問がこれです。もちろん質問を受けたら、私にできるアドバイスをします。

「使っている時間をまずは数字でメモしたらいいよ」
「まずはやっていることを見える化しましょう」
「仕事も分解して見直せば、時間は作れますよ」

すると、質問した方から次のように返ってきます。

「でも、私にはそんなことできない……」
「私の職場では無理……」
「パートナーが非協力的なのに、何で私だけやらないといけないのか」

何かできることはないかと思って質問したのに、**ヒントを聞いて真っ先に出てくるのは「できない理由」**です。みんな何かをやる前から「できない」と思い込んでしまっています。

こんな方は時間の使い方に対して「学習性無力感」を持った状態に陥っています。

「学習性無力感」とは、心理学者マーティン・セリグマンが唱えた心理学の用語で、**長い期間にわたって回避できないス**

**トレスを経験すると、不快な状況から逃れる努力すらできなくなる現象**を指します。

　長い間、時間に追われて、仕事・家事・育児をとりあえずこなす生活をしていると、とりあえず1日が何事もなく終わればいいと考えてしまい、「この状況」は不快だ、変だと思っていても改善しようとする考えや手法すら浮かばなくなります。

　7年前の私はまさにこの状態でした。学習性無力感を持つと、現状を改善したいのに「さらに面倒なことになってしまわないだろうか」という心理が、変化させたいという気持ち以上に強く働き、広い視野を持てません。

　視野が狭い人は、自分のネガティブな状況に「スポットライト」が当たって見えます。置かれている状況を、冷静に俯瞰することができません。

　このような人は、実際にやらなければいけないことが「1」のことでも、その「1」が顕微鏡で覗いたように「100」に見えてしまうのです。

　つまり、やるべきことが大きく見えたり多く感じてしまい、あれもやらなきゃこれもやらなきゃとなってしまいます。すると、ますます「時間がない」という危機感が募り、余裕がなくなります。

　これでは人のアドバイスは耳に入ってこないし、そもそも改善しようという意欲すら湧いてきません。そして、同じ状況が続いていきます。

さらに、忙しい人が陥りがちなのが睡眠不足です。これが「どうせできない」という気持ちに拍車をかけます。

　やる気に関係する脳内物質のセロトニン・ドーパミン・アドレナリンは、睡眠中に分泌されます。そのため、睡眠時間が短くなったり、眠りが浅いとこれらの脳内物質の分泌が不足し、学習性無力感を持ちやすくなります。

　時間がなくて睡眠時間を削ったり、子どもの夜泣きなどで睡眠が浅い状態が続きがちな共働き子持ち世帯は要注意です。

　ただ、あえて厳しいことを言いますが、**「時間のない生活」を選んでいるのは「自分」**です。

　時間のない生活に慣れすぎると「不快な状況から逃れよう」と努力する気力すら湧いてきません。**本気で何かを変えたいのであれば、自分の視野を広げて、少しずつ変化を加えるしか道はない**のです。

　当時の私は、「仕事でも家庭でも常にイライラしている」自分がだんだんと嫌になりました。「なんで私ばっかり！」という思いも日に日に強くなっていきました。

　夫とも当然、楽しい会話なんてできず、家庭でもすれ違い。職場でも定時ダッシュで帰るため、後ろめたさや申し訳なさを感じていました。頑張っているのに、なぜ毎日が大変なだけで時間は過ぎていくのだろう……。

　しかし「このままではダメだ、誰かが解決してくれるわけで

はない。自分で解決するしかない」と思い、余裕のある自分に戻るために「時間」をどう作るか考えはじめ、実際に自分にとって大事なものを選び直して、**多くのことをやめていきました**。

　その結果として、少しずつ「満足する時間」が増えていくようになりました。フルタイム会社員・2人の子持ち・ワンオペ育児の私にでもできたのですから、これを読んでいるみなさんは必ずできる。私はそう確信してこの本を書いています。

## 「時間の財布」を持とう

　時間がない人は**「1日のうち、自分が何にどのくらい時間を使っているのか」**を正確に把握できていません。というか、ほとんどの人は「自分の時間の使い方」がわかっていません。私もそうでした。

　その理由は「時間はお金と違って、見えないから」です。

　ですが、**時間もお金の管理と一緒で、把握することが可能**です。多くの人は「時間の把握方法、やり方がわからない」「面倒なのでやっていない」だけなのです。

　お金を貯めたいと思ったら、一番にやることは「収支の把握」ですよね。つまり「いくらもらって、いくら出ていくのか?」これを知ることからスタートします。

　例えば「1週間前に3万円をATMでおろしたのに、5日後にコンビニで買い物をしようと思って財布を開いたらすっからかん。あれ、何にお金を使ったのかな……」なんてなる人は、お金が貯まりませんよね。

　それは時間も同じで、「自分が何にどのくらい時間を使っているのか」を把握しないことには、自分の時間を作ることはできません。

　この時間の把握には**「時間の財布」**という考え方を持ちましょう。

毎日、私たちには**24時間という時間が、「時間の財布」に入っています**。自分がこの24時間を何に使っているのか？　まずはこれをきちんと把握できない限り、時間は作れるようになりません。

　何のための時間かわからない**「使途不明時間」が多すぎる人は、時間貧乏で死んでしまいます**。

　この24時間のうち、睡眠、仕事、入浴、食事など生活に必要な時間を除いて、残った時間を何に使っているか？　仕事でも、ミーティング、資料作成、打ち合わせなどを除いて、残ったのはどんな時間でどのようなことに使っているでしょうか？

　これら「時間の財布」から出ていった「時間の使い先」を確かめることから、「時間の使い方」の見直しははじまります。これが**「時間の見える化」**です。

　私が小手先の時間術やライフハックをいくら取り入れても、継続して時間を作れなかったのは、この「時間の見える化」を最初にやらなかったからです。メールを早く返信できる方法や、PCのショートカットを覚えたり、食材を冷凍して時短御飯作りにトライするなど、**部分的なテクニックをいくら取り入れても、満足のいく時間を継続的に作ることはできません**でした。

　理由ははっきりしています。そもそも、1日の中でメールを

送信するのに何分かかっているのか。ショートカットを使うほどPC作業に時間がかかっているのか。夕飯作りに何分かけているのか。これらのことが、一切わかっていなかったからです。

　「時間の財布」にいくら入っていて、どのくらい使っているかがわかっていないから、節約術だけ取り入れようとしてもうまくいかなかったのです。
　正確に「何」に「何分」かかっているか？　全体を「見える化」した「時間の財布」を持つことではじめて、「時間の使い方」を仕分けしていくことが可能になります。

## 時間管理のはじめの一歩「見える化」

より具体的なノウハウは1章以降で紹介していきますが、ここでは「これをやるだけでも時間作りが圧倒的に楽になる」最低限の「見える化」の方法を紹介します。

まず、時間は「モノ」ではないので「見よう」と思っても見えません。**見える化しようと思ったら「記録」するしか方法はありません。**

「えー記録?!　面倒くさい!」と思った方もいるかもしれませんが、実はみなさんも既にやっています。「未来の時間管理」として色々なツールを使って記録をしているはずです。

代表的な時間管理方法

- ☑ 手帳などスケジュール帳に予定を記入する
- ☑ Google カレンダーなどを使用する
- ☑ 予定時刻にリマインダーを入れる

「自分のスケジュールは丸暗記のみ!」なんて方は、ほとんどいないはずです。

私たちは、日常的に見えない時間を見える化して管理するために、スケジュール帳などを活用して「記録」を行っています。

しかし、見える化で大事なのは**「未来の時間」の管理ではなく、「使った時間」の管理**になります。つまり**「過去のスケ**

ジュール帳をつける」。これだけです。使った時間を「記録」していくと、予定していた「未来の時間」と「使った時間」の「ズレ」が見えてきます。

例えば、スケジュール帳（未来の時間）には「友人とお茶1時間」と記しているとします。しかし、「使った時間」を記した「過去のスケジュール」を見ると、実際には2時間も使っていた……という経験はみなさんにもあると思います。

まずは、何事も予定時間と結果時間をそれぞれ記録しておきましょう。すると、時間の財布に入った時間をオーバーして使っていることが、ひと目で「見える化」します。

そして、私はこの「予定時間」と「結果時間」のズレを**「見積もりオーバー時間」**と呼んでいます。

## 時間見積もりの精度を上げる

この「見積もりオーバー時間」が発生する原因は、「時間見積もりが甘い」「使途不明時間と蒸発時間」の2つです。

お金の場合、予算が決められたらそれ以上使うことはできません。1万円しか持っていなければ、1万円しか使用することはできませんよね。時間もこれと同じように考えてください。

言うまでもありませんが、1日は24時間であり、それ以上でもそれ以下でもありません。それにもかかわらず私たちは、時間見積もりが甘くなり、24時間で終わらないようなタスク

（仕事も家事も育児も）を詰め込んでしまう、引き受けてしまうのです。

　実際私も、この時間の見える化をする前は、単に時間が足りないと思っていました。
　**しかし実は時間の枠を超えて、タスクや業務を引き受けているから、他の時間を圧迫してしまい、時間が不足してしまっていた**と判明します。
　一見当然のことのように思えますが、時間の見える化をして、その原因や具体的な時間を正確に把握することが大切です。

　例えば、仕事でAという業務を頼まれ、「Aをやり切るにはだいたい2時間あれば足りるかな」という感覚で引き受けたとしましょう。しかし、実際には4時間かかってしまった。このオーバーした2時間が他の時間を圧迫していくのですが、これをしっかり記録しておけば、次に同じような業務を頼まれた時に、正確に見積もり時間を取ることができますよね。
　自分がどの作業にどのくらい時間がかかるのか。これをより正確に把握するためにも、1度、実際に作業しながらストップウォッチで測ってみましょう（図1）。

　最初はちょっと面倒でも、必ず見える化をして「時間見積もり」の精度を上げる。そうすると、段々と24時間が予算通りに使えるようになります。

図1 ｜ 時間を正確に把握する方法

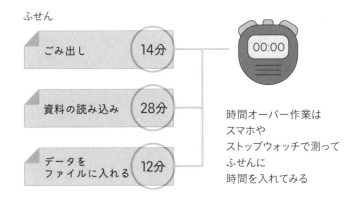

ふせん

家事でも仕事でも、時間を正確に把握するためには、ストップウォッチで測ってみることが大切です。

## 「使途不明時間」と「蒸発時間」を減らす

　見積もりオーバー時間発生の原因の2つ目は、「使途不明時間」と「蒸発時間」です。

　24時間を見える化すると、意外と多くの「使途不明時間」と「蒸発時間」がすぐに浮かび上がってきます。

使徒不明時間と蒸発時間の代表例

- ☑ ネット情報の閲覧やスマホを開いてアプリの通知をチェック
- ☑ 5分、10分のすきま時間にぼーっとする
- ☑ デスク周りの色々な書類が気になって触ってしまう
- ☑ 1つの仕事をやっていたのに、気がつくと違うことを調べ

ている

☑ 単純作業を仕組み化せずに、毎回1から作業している

　これらの時間はほんの数分なので、ついつい「大したことないだろう」と思ってしまいますが、この**「数分」が積もると多くの時間を失います。**

　私の場合は、スマホでSNSやネットをだらだらと見ている時間、PCのメールをこまめにチェックする時間、毎日やっているのに仕組みを作っておかなかったために失った時間などが使途不明時間や蒸発時間でした。これらのほんの数分が積み重なると、1日の中で1時間以上になっていることもあります。

　ただでさえ時間がないはずなのに、こんな「何をしているのかよくわからないこと」に時間を使っていると、あっという間に24時間が過ぎます。

　過去の私も含めて多くの人は、これらの時間は大したことがないと思っています。ほんの数分で済む作業のためにいちいち仕組みを作るのが面倒くさいと考えてしまうのです。

　しかし、ここを見える化して、仕組み化してしまえば、多くの使途不明時間と蒸発時間は防げます。この防いだ数分が積み重なって、自分の「時間の財布」に貯まり、有効に使える時間が増えていくのです。

全体の時間を見える化すると、時間の見積もりを正確に測れるようになり、使途不明時間と蒸発時間を減らすことができます。すると、自分が使いたいように使える時間が増えます。最初は地味な数分かもしれません。しかしこの小さな時間の積み重ねが、実際に時間を生み出し、「時間がない!」という思考から抜け出すきっかけになるのです。

　さて、次の章からもっと本格的に、自分の時間を見える化する技術を紹介していきます。

| 序章まとめ |
| --- |
| ☑ 視野を広げ、少しずつ変化しよう |
| ☑ 「何にどのくらい時間を使っているか」を“正確に”把握しよう |
| ☑ 時間財布を持ち、時間の支出を意識しよう |
| ☑ 時間見積もりの精度を上げよう |
| ☑ 「使途不明時間」と「蒸発時間」を減らそう |

# 全体を把握する
# 時間の「見える化」

# 時間は3つに分けられる

私たちの24時間は次の3つの時間で成り立っています。

私たちの時間 ─────────────

- ☑ 生活時間 (睡眠、食事、入浴、排泄など生きているだけで必要な時間)
- ☑ ルーチン時間 (社会的に拘束される時間、仕事、家事、送迎など)
- ☑ 自分時間 (自由選択時間、余暇)

時間の使い方で、まず「見える化」からする理由は、自分が使っている時間を「生活時間」「ルーチン時間」「自分時間」の3つに分解し、明確に数字で把握しないと、現状が見えないからです。要は、何から手をつけたらいいのかわからないのです。

これはお金で例えると、**収支が一発で分かる「お小遣い帳」をつけることと同じ**です。
時間という見えないものだからこそ、まずは「見えるように」します。

ちなみに普段の生活で「時間がない!」と強く感じるのは、3つ目の「自分時間」が少ない時です。典型的に忙しいワーママやワーパパは「自分時間」が全然ありません。
そのために、「毎日忙しく時間を使い切っているのに、満

足感がない」となります。

では何に時間を使っているのでしょうか？

例えば、生活時間（食う寝るなど）12時間、ルーチン時間（仕事・通勤・保育園の送り迎えなど）10時間、自分時間（自分が好きなことをする時間）が2時間なら、24時間の財布は、12＋10＋2＝24時間できっちり毎日終わります。理論上はこれなら「自分時間」もあるし「時間がない」とはならないはずです。しかし、実際はこんなにうまくやりくりできる人はほとんどいません。

私も最初は、スケジュール帳の予定通りに過ごしているはずなのに、なぜこんなに時間が足りなくなってしまうのか？と不思議で仕方ありませんでした。

**お金と一緒で「なぜなくなっているのか？」、この3つの時間を一体何にどのくらい使っているのかをまずは全て見える化することがスタート**です。

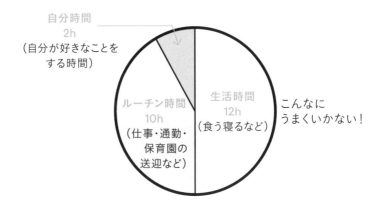

## 「時間の見える化」の3つのやり方

では「時間の見える化」の具体的なテクニックについてまずはご紹介します。方法は大きく分けて3つです。

見える化手順

1 24時間タイムログで時間を見える化する（図2）
2 ふせんで細分化する（図3）
3 使った時間に成績をつける（図6）

## 1 24時間タイムログで時間を見える化する

タイムログの手順

1 紙（バーチカル・24時間タイプの手帳 or Excel でも可）を用意
2 起床、就寝時間を記し、睡眠時間を塗りつぶす（睡眠時間は削らずに確保）
3 起床中の「生活時間」（食事、入浴、排泄など）を記入して塗りつぶす
4 ルーチン時間（仕事、通勤、子どもの送迎お世話など）を時間ごとに記入する

まずは紙を用意します。バーチカル（24時間）タイプの手帳やExcelなどに記入してもOKです。その後、起床時間に線を引きます。

次に寝ている時間は塗りつぶします。残った十数時間があ

| 図2 | 24時間タイムログの例 |

| | （月） | （火） | （水） |
|---|---|---|---|
| 5 | | | |
| 6 | 5:30　身支度、洗濯物畳む、朝食準備 | 6 | 6 |
| 7 | **朝食**　子ども着替え<br>洗面、歯磨き、トイレ | | |
| 8 | 出勤＋保育園に送る | | |
| 9 | 仕事 | 9　仕事 | 9　仕事 |
| 10 | | | |
| 11 | | | |
| 12 | | 12 | 12 |
| 13 | **昼食** | | |
| 14 | 仕事 | 仕事 | 仕事 |
| 15 | | 15 | 15 |
| 16 | | | |
| 17 | | | |
| 18 | 退勤＋保育園お迎え<br>翌日の保育園準備 | 18 | 18 |
| 19 | **夕食** | | |
| 20 | 夕食片付けと洗濯機回す | | |
| 21 | 入浴（子ども）と洗濯干し | 21 | 21 |
| 22 | 寝かしつけ<br>残っている家事<br>保育園の名付けなど | 持ち帰り残業 | 生協注文と<br>日用品ネットで買い物 |
| 23 | ストレッチ（うたた寝） | ↓ | ↓　読書 |
| 0 | | 0 | 0 |
| 3 | | 3 | 3 |

　…生活時間　　　　　…ルーチン時間　　　　　…自分時間

次男が生まれて職場復帰した頃のタイムログ。まずは生活時間・ルーチン時間・自分時間の３つに分けて、全体像を把握します。実際には色分けしてひと目でわかるようにしましょう。

なたの「時間のお財布」に入った「使える時間」です。

そして、生活時間（食事、入浴、排泄など）を塗りつぶします。これは減らすことができないので先に見える化します。

次にルーチン時間（仕事、通勤、送迎、子どものお世話時間など）に線を引きます。

最後に自分時間（自分にコントロール権のある時間、余暇や趣味など）に線を引きます。

これをわかりやすいように色分けします。生活時間はイエロー、ルーチン時間はピンク、自分時間はグリーンなどで線を引くとひと目でわかります。蛍光ペンで分けるとひと目で見やすく分けやすいですね。

最近は、スマホアプリなどでもタイムログが取れるので、これらを活用するのも手です。

しかし、圧倒的に「見える化」しやすいのは、**手書きとふせんの活用**です。

## 2 ふせんで細分化する

ざっくり３日間のタイムログをつけたら、次は使っている時間を具体的にふせんに書いて貼っていきます（ふせんなら後で仕分けをする時に、動かすことができます）。生活時間・ルーチン時間・自分時間のどれもが細分化できますが、まずは一番長く使っていてズレが大きいルーチン時間からやってみます。

私が一番最初にやった時はルーチン時間の１つである仕事

図3 | ふせんで細分化する

|  | （月） | （火） | （水） |
|---|---|---|---|
| 5 | | | |
| 6 | | 6 | 6 |
| 7 | | | |
| 8 | メール返信　30分 | メール返信　30分 | メール返信　30分 |
| 9 | 週初めMtg　90分<br>（オーバー30分） | 9　電話にて対応業務　30分<br>資料作成の仕上げ　60分 | 9　データ出しと<br>　調べもの　60分 |
| 10 | | | |
| 11 | 同僚と打ち合わせ　30分 | 上司とのPMの<br>訪問用資料　60分<br>打ち合わせ　→90分 | プロジェクト<br>メンバーの勉強会　90分 |
| 12 | 来月の<br>プレゼン資料作り　60分 | 12 | 12　不足した資料調べ　30分<br>経費類の精算　30分 |
| 13 | 昼食 | | |
| 14 | 会議前の資料確認　30分 | 移動　30分<br>取引先の<br>上司同行訪問　90分 | 取引先提出用<br>（来週）資料作り　60分 |
| 15 | 会議　90分<br>（オーバー30分） | 15<br>移動　30分 | 15　他部署との<br>合同Mtg　90分<br>（オーバー30分） |
| 16 | | | |
| 17 | 議事録まとめ　30分 | 要求されたデータ出し　60分<br>（45分で済む） | |
| 18 | メール返信＋データ保存　30分 | 18　メール返信＋データ保存　30分 | 18　メール返信、電話対応　60分 |
| 19 | 夕食 | | |
| 20 | | | |
| 21 | | 21 | 21 |
| 22 | | | |
| 23 | | | |
| 0 | | 0 | 0 |
| 3 | | 3 | 3 |

業務内容をふせんに書いてタイムログに貼っていきます。これだけでも大体のことが見えてきます。スキマ時間が見えてくるのも重要です。

から見直したので、その1例をご紹介します。みなさんがやる場合は「起床から出社まで」など区切るとやりやすいでしょう。

　朝9時から18時までが仕事の時間なら、一体何の仕事に何時間使ったのかを書いていきます。午前中の8時からメールの返信に30分、ミーティングに90分、午後14時からは会議前の資料確認に30分、15時からの会議が90分など、業務内容と所要時間を記していきます。ざっくりでOKですが、**実際に「使った時間」**に近い単位で記せるといいです。

　こうして見える化していくと、色々なことに気がつきます。「あれ？　この30分は何をしていたのかな?」と、埋められない空白が浮かび上がってくる人もいます。

　私も「時間がない、忙しい」なんて言っていた割には「この30分何してたんだろう?　全然思い出せない……」なんて時間がいくつもありました。この**「何をしていたのかよくわからない時間」**が**「使途不明時間」**ですね。

　「あんなに必死で時短ライフハックを検索する前に、まずはこの使途不明時間を見つけたほうが早かった……」と反省したのを覚えています。

　使途不明時間が多い人は、**スマホのスクリーンタイム**を見てください（図4）。毎日何分、スマホを開いてどのアプリを見ているのか一瞬でわかります。

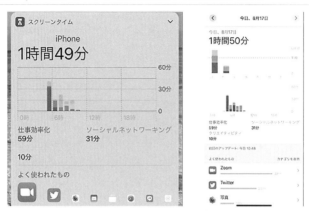

図4 | スクリーンタイムで使途不明時間をチェック

スマートフォンのスクリーンタイムを見ると、私たちが多くの時間を取られていることが可視化されます。なんとなくわかっていても、こうして数字で見ないと実感は湧きにくいものです。

　タイムログと、このスマホのスクリーンタイムを見比べてみると、自分が無意識のうちにどれだけスマホを見てしまっているかが見える化されます。

　スクリーンタイムはウソをつきません。PCやタブレットをよく触る人は、これらのスクリーンタイムも合わせて見てみましょう（Mac＝スクリーンタイム、Windows＝ManicTimeなどPC用にもソフトがあります）。見ている時間、時間帯、内容がひと目でわかります。「何となくスマホを見ている時間が長いから改善しよう」と思っても、実際にこうして数字で見ないと危機感はなかなか生まれません。

　タイムログに記載していないスマホ使用時間があるなら、

これも追加して書いておきます。**使途不明時間が多い人は、意外とこのスマホ時間が抜け落ちています**。ぜひ使途不明時間を突き止めて書いてみてください。

## 空白の時間は「見積もりオーバー時間」の可能性も高い

ここまでタイムログを取り、ふせんでやったことの内容と大体の所用時間を見える化しました。すると、メール返信の後の空白の30分に気づきます。空白なので「使途不明時間」にも思えますが、これは「メールの返信」にかかっている時間が、自分の想像以上である可能性が高いです。そう、序章でもお話しした「見積もりオーバー時間」です。

そして数日間ストップウォッチで測りながらメールの返信作業をしてみたところ、実際には30分以上かかっていることが多かったとわかります。ポイントはメールを書いている時間、メールの内容を理解している時間、返信の文章を書いている時間など、細かく分けながら測ってみることです（図5）。

すると、書くことに時間を使っているのか、読むことに時間を使っているのか、どこに時間を使っているかが見えてきます。

この「見積もりオーバー時間」も「使途不明時間」と同じように見える化することが重要です。

作業直後に空白時間がある項目は、実際に自分が思っているより時間がかかっている「見積もりオーバー時間」である

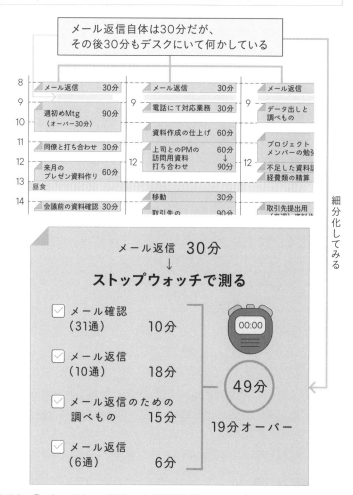

**図5** 見積もりオーバー時間を見つける

メール返信自体は30分だが、
その後30分もデスクにいて何かしている

| 8 | メール返信 | 30分 | | メール返信 | 30分 | | メール返信 |
| 9 | 週初めMtg<br>（オーバー30分） | 90分 | 9 | 電話にて対応業務 | 30分 | 9 | データ出しと<br>調べもの |
| 10 | | | | 資料作成の仕上げ | 60分 | | プロジェクト<br>メンバーの勉強 |
| 11 | 同僚と打ち合わせ | 30分 | | 上司とのPMの<br>訪問用資料<br>打ち合わせ | 60分<br>↓<br>90分 | | |
| 12 | 来月の<br>プレゼン資料作り | 60分 | 12 | | | 12 | 不足した資料調<br>経費類の精算 |
| 13 | 昼食 | | | 移動 | 30分 | | |
| 14 | 会議前の資料確認 | 30分 | | 取引先の | 90分 | | 取引先提出用 |

細分化してみる

メール返信　30分
↓
**ストップウォッチで測る**

☑ メール確認
　（31通）　　　10分

☑ メール返信
　（10通）　　　18分

☑ メール返信のための
　調べもの　　　15分

☑ メール返信
　（6通）　　　　6分

00:00

**49分**

19分オーバー

ふせんに書いた1つひとつの項目にかかる所要時間を、ストップウォッチなどで測って記録していくと、自分の想像以上に時間がかかってしまっている項目が見えてきます。大変そうに見えるかもしれませんが、やってみると案外楽しく、自分の苦手分野＝時間がかかることが見えてきます。

可能性が高いですが、そうでない項目に関しても、**分解してストップウォッチで測ってみると、自分が思っているより時間がかかってしまっている**項目が見つかります。

　例えば、部屋の掃除という項目でも、ハタキ掛け、掃除機がけ、床拭きなど、具体的に何をするのに何分使っているのかを調べていきます。作業開始時に、ストップウォッチをオンにして終了後に止めるだけです。

　すると、ハタキ掛けを5分でやっていると思っていたけれど、実際は13分かかっていたなんてことが見えます。

　時間を測って気がついたのですが、私は掃除全般が「見積もりオーバー時間」でした。掃除をはじめると、ついでにそこも、あそこもと気になって時間オーバー。やりすぎてしまっているのです。

　私は掃除時間を短縮するのではなく、「掃除の曜日決めをする」と「ルンバや外注に頼る」ことにしました。

　これは後の引き算でお話ししますが、**見積もりをオーバーするのは、自分の体感より時間を多く使ってしまっているから**です。

　その原因は、「自分の不得意とするものである」「工程自体が複雑である」「もともと完璧主義である（合格ラインが高い）」など、様々な要因が隠れているので、「この曜日しか絶対手をつけない！」というように、**強制的に「しない」仕組みを作るか、「その作業を誰かに渡す」**ほうが、時間の見積もり精度

を上げるという観点ではうまくいきます。

## 3 使った時間に成績をつける

　次に行うのは時間の評価付けです。評価の指標はタイムパフォーマンス、つまり、**使った時間に対して得られた成果はよかったか？** で判定します。

　簡単に言うと「満足がいく時間だったか」です。これを○△×で記します。

　例えば、通勤時間に毎日30分かかっているとします。この「30分の価値」は人によって異なります。毎日の通勤時間を英語の勉強に充てている人にとっては「必ず30分強制的に英語の勉強ができる時間」なので、タイムパフォーマンスという点では○でしょう。

　しかし、「通勤めんどくさいな。早く会社に着かないかなと思いながらスマホゲームをしている」なんて人は×なはずですし、「30分のスマホゲームでストレス解消！ 今日も頑張れる」と思う人なら○かもしれません。

　**この○△×は本人にしかわかりません。**みなさんも、ご自分のタイムログを見ながら、使った時間に対して、○△×を記入してみてください。

　○ばかりという人は、自分の時間の使い方を肯定的に見られているので、毎日が忙しいけど「充実している」タイプ

の人です。

　ただ、○は多いけど、忙しいし落ち着かないという人は、**やっていることの「量」が多すぎる、衝動的行動が多いタイプの可能性が大**です。衝動的に興味があることばかりをやっていると、それも時間がなくなる要因の1つです。本当にやるべきものに絞る必要があるかもしれません。

　△が多い人は、自分の時間の使い方に迷いがある、もっと改善できないか、効率よく使えているのか自信がない、つまり**「生き方や行動の選択」に自信がない**ことが表れています。

　これらの人は、ちょっとした「時間の引き算と足し算」をしていくことで、すぐに○に変わる可能性が高いです。タイムログをつけただけで、ここはもう少し時間配分を考えようなど、すでにアイデアが浮かんでいる方もいるのではないでしょうか。

　×ばかりだったという人。きっと毎日、どれもこれも消化不良で疲れていますよね。使っている時間が自分の幸せや成長に何もつながっていない……と感じているのではないでしょうか。

　このタイプの人は**完璧主義の人が多い**です。そもそも合格ラインが高いので、どれにも○が付けられないのです。

　また、比較対象が過去の自分（24時間を好きに使えていた頃の自分軸での評価）だったり、周りの優秀な人たちと比べていたりします（他人軸での評価）。

　時間を見える化したことで「できていない自分」が気になって仕方がない。私も最初はこのタイプでした。こういう人は、

図6 | 使った時間に成績をつける

| 項目 | 成績 | 理由 |
|------|------|------|
| 洗濯物を畳む　10分 | × | （畳むことに意味があるかわからない） |
| 身支度　10分 | △ | （体調が肌でわかるから……△かな） |
| 朝食準備　10分 | × | （ルーチン作業でやるべきだから……満足ではない） |
| 子どもの着替え 準備　30分 | × | （寝起きのぐずぐずに疲れるなあ） |
| 保育園へ送る | ◯ | （子どもの体調管理や話もできて◯） |
| 通勤（読書） | ◯ | （唯一のくつろぎ！） |
| メール返信　30分 | × | （いつも時間オーバー） |
| 週初めMtg　90分（オーバー30分） | × | （時間がズレこむし話が飛ぶのが困る） |
| 同僚と打ち合わせ　30分 | ◯ | （職場の話も聞けてよかった） |
| 来月のプレゼン資料作り　60分 | △ | （やったほうがいいから早めにやる） |
| 会議前の資料確認　30分 | ◯ | （確認しておくと会議が楽！） |
| 会議　90分（オーバー30分） | × | （部長が割込みしてしまって……お迎えがあるからハラハラ） |
| 議事録まとめ　90分（オーバー30分） | × | （この議事録は誰が見るのか……） |
| メール返信＋データ保存　30分 | ◯ | （急に子どもが体調悪くなっても大丈夫なようにクラウドへデータ保存） |
| 帰宅（SNSメール）　30分 | ◯ | （1日のプライベートな連絡をチェック） |
| 保育園迎え　15分 | △ | （子どもたちのため） |
| 明日の保育園準備 | ◯ | （明日が楽になる） |
| 夕食準備　15分 | × | （もっと短くできないか？　そんなに美味しくもない） |
| 夕食片付け　15分 | × | （子どもを待たせていて焦る） |
| 洗濯物干し　15分 | △ | （干すのは嫌いではないが子どもがぐずってイライラ） |
| 寝かしつけ　30分 | × | （暗い中で目を閉じて30分！　辛い） |

ふせんを紙に貼って、それぞれに成績をつけていきます。◯△×の横に自分でその評価に至った理由を簡単に書いてください。

評価の軸を変える必要があります。マイものさしを作って、自分が満足する○に変えなければなりません（第3章引き算項目で詳しく解説します）。

## 時間を「何」に使っているかわからない人は「自分の行動がわかっていない」

　時間を見える化したら、**時間の使い方だけでなく「自分の行動」も見えてきます**。時間の使い方には、その人の行動、そして生き方が表れるのです。

　私たちが持っている時間は有限です。1日24時間、1週間は168時間と決まっています。大人も子どもも、お金に余裕がある人もない人も、多忙な人も暇な人も、時間は増やすことも減らすこともできません。時間を貯めておくことも、人に譲ることもできません。

　今この瞬間が積み重なって、私たちの1時間、1日、1年、人生を作っていっています。

　当たり前といえば当たり前の話ですが、私は「時間の見える化」をしたことで、まじまじとこの事実に気がつきました。**何をしているのかわかっていない「蒸発時間」も私の選んだ行動であるし、色んなことに追われているのも「自分が決めた結果」**です。

　私が毎日やっていた、通知が来ればスマホをチェックして、忙しいと言いながら細かくメールに返信して、この資料要るのかなと思いながら仕事を家に持ち帰って残業しているのも、家事が終わらないからと子どもの話をろくに聞かずお皿

を洗っているのも、全部私が選んだ「時間の使い方」でした。

　これらの使った時間は**「小さな点」**です。しかし「その点」が積み重なって、振り返るといつか「長い線」になります。私やあなたの「人生」や「生き方」を作っていきます。

　**「時間の使い方」は、その人の人生そのもの、つまり生き方、価値観を表しています。**

　私は「忙しい、忙しい」と言いながら、24時間しかない中で、ルーチン時間（仕事や家事や蒸発時間など）にばかり時間を消費して、自分のやりたいこともできず、子どもとも向き合えず、でもこんな「生き方」を選択しているのは、結局、自分なんだと辛い気持ちになりました。

　マザー・テレサの有名な言葉があります（諸説あります）。

　思考に気をつけなさい。それはいつか言葉になるから。
　言葉に気をつけなさい。それはいつか行動になるから。
　行動に気をつけなさい。それはいつか習慣になるから。
　習慣に気をつけなさい。それはいつか性格になるから。
　性格に気をつけなさい。それはいつか運命になるから。

　私が考える、この「思考」というのは、**「時間をどう使うか決める価値観や判断軸」**です。「言葉」は「○○時間と決めて手帳に記入する、スケジュールに入れる」ことです。そしてそれが行動になり……と、最終的にその人の「運命」、人生へとつながっていきます。

## 見える化でタイムパフォーマンスがアップする

　タイムログを取って、蒸発時間と見積もりの甘さを認識し、〇△×で成績をつけてみると、「自分の時間の使い方」が、はっきりとわかってきます。

　加えてもう1つ、気づくことがあります。自分が得意ではないことには、予想よりだいぶ時間がかかっていたり、同じ作業でも午前と午後でかかっている時間が異なっている点です。
　なぜなら「時間の使い方」には、**「意志力や思考力」**も関係しているからです。

　私はよく持ち帰り残業をしていましたが、**同じ作業でも夜やるのと朝やるのとで、かかっている時間が全然違います。**夜の場合は「投入する時間」を1.5倍ほど増やす必要がありました。
　タイムログを見ながら、「あれ？　同じ作業でも使っている時間がちがう」と気づいてから、私は持ち帰り残業をやめました。夜にやるのは時間を使い過ぎて効率が悪すぎるのです。さらに、なるべく午前中に思考力を必要とする仕事をこなし、夜はそこまで思考力を使わない作業やインプット（情報取得や読書など）を行うなど、時間の使い方を切り替えました。

　「思考力や意志力」も含めて自分なりの時間の使い方が見えてくると、午前中や午後で作業を分けるなど、**自分のタイムパフォーマンス（時間あたりの生産性）まで見えるようになります。**

## 見える化で自己肯定感が上がる

使った時間に成績をつけてみましたが、**〇がついている時間の「行動」は、自分が肯定している時間の使い方**です。

時間がないと感じている人の多くは、日々の生活で「自分を積極的に承認する、褒めてやる場面」が少ないです。できていない、足りていないことにばかり目がいってしまうからです。自己肯定感や自尊感情が著しく下がった状態になりやすくなります。

しかし、見える化をすることで、「ああ、1日のうち〇がついている箇所が意外とあるな」「全くダメではないな」と自分を肯定してやる、承認してやるポイントが出てきます。

**私も時間の「見える化」をするまでは、全てのことが「できていない」と思っていました**。頑張っているのに自分はダメだと、ネガティブな気持ちになりやすかったです。でも部分的に見ると、「書類を時間内に仕上げている」「洗濯物を時間内に干せている」「子どもの話を15分聞く時間を持てた」など、日々の中で「できている時間」もあると気がつきました。

「ちゃんとできていることもある」とわかれば、時間が足りなくてできないことがあっても、「まあ、書類は出したし、洗濯物は干したし」と毎日の生活の中でポジティブに捉えることができるようになります。

やっていることは変わらないのに、**見える化しただけで自己肯定感が上がる**のです。

## 見える化がうまくいかない時は 行動と衝動を見極める

　時間の見える化をすると「やりたいことを満足にする時間が足りないことが見えて辛くなった」「こんなに自分時間が少ないのかとテンションが下がった」と言う人がいます。

　確かに「時間の見える化」をすると「やりたいことを満足にする時間がない」ことも見える化します。

　そんな時は、**やりたいことを「行動と衝動」に分けてみます。**

　「衝動買い」という言葉があります。例えば、ネクタイを買おうと思ってお店に行ったのに、店員さんに勧められて「なぜか白シャツ」を買って帰ってくる、これが衝動買いです。たまにならいいのですが、衝動買いが多い人は長い目で見るとお金は貯まりませんし（きっとネクタイも後日買う）、買う予定がなかったものがクローゼットに溜まっていきます。

　時間も同じです。衝動的にやりたい！　面白そう！　と予定を入れていくと「衝動時間」が増えていき「時間の財布」から時間は出ていってしまいます。

衝動時間の具体例
- ☑ SNSで流れてきて面白そう！と予約した勉強会
- ☑ 無料で受けられると聞いて美容診断を受ける
- ☑ あったらいいなと思って取る資格のための勉強

☑ 友人に「面白い人連れて行くから」と誘われた飲み会

　これらは一見、有用です。ないよりあったほうがいいかもしれません。でも「時間がない」あなたの今の人生において本当に必要でしょうか?

　はっきり言って、それがなくても今の人生困らないし**「ないよりあったほうがいいもの」に費やしている時間は、時間のない人にとっては真っ先にやめるべきもの**です。

　「やったらいいこと」はこの世に無数にあります。時間が無限にあるなら、やったらいいことを全部やってもいいのですが、**「やったらいいこと」を衝動的にやっていると、本当にやりたいことに使う時間がなくなってしまいます。**

　つまりこれも自分の生き方の選択です。「楽しそうなことや、面白そうなこと、勉強になりそうなことをやりたい!」と思う好奇心が強い人は「時間がいくらあっても足りない」と感じます。その時に考えてみてください。

**「これは本当に自分が今やるべきことなのか?」**

　衝動的に時間を使っていると、あっという間に時間は足りなくなってしまいます。

　**人生はトレードオフ**です。得るものの代わりに差し出さなければいけないものがあるのです。
　「やりたいことが多すぎる」という人は、その行動に衝動

が混じっていないか今一度確認してみましょう。

**時間の使い方は、まさに「人生そのもの」です。**

「時間の見える化」をすれば、自分の人生が見えてきます。

| 第1章「見える化」まとめ |
| --- |
| ☑ 現状の自分の24時間を洗い出そう |
| ☑ 「生活時間」「ルーチン時間」「自分時間」に分解しよう |
| ☑ どんな行動にどのくらいの時間を使っているかを把握しよう |
| ☑ 自分の行動と時間に成績をつけよう |
| ☑ やめるべき時間を見つけ出そう |

## 第 2 章

# タイムパフォーマンス

## 向上術

## 時間の使い方の質を上げる

　時間の見える化をして、**使っている時間の「量」が見えると、次は「質」についても考えられる**ようになります。特に成績表をつけると、それぞれの時間の「質」が見える化されます。

　コストパフォーマンスならぬ、**タイムパフォーマンス**です。

　ここでのパフォーマンスとは、かけた時間に対して得られた「成果や評価、自分の満足度、周りからの感謝」など、具体的な数字だけでは計測できないものまで含みます。

　私の場合は、「社内向けの仕事は時間をかけても、得られる結果（評価）は特に上がらない」ことに改めて気がつきました。
　また、夕食作りに毎日30分も使っていましたが、「そんなに美味しいごはんや品数が並んでるわけでもないな……。夕飯作りに30分かけるより、15分で豚汁と納豆ご飯のほうが、得られる成果はいいのかもしれない」と思うようになりました（栄養が取れる、片付けが楽、食べない子どもに対して頑張って作ったのに……といったネガティブな気持ちから解放されるなど、総合的に考えました）。

　時間の見える化をすると、**使っている時間に対して、パフォーマンスの良し悪しや自分の満足が得られる成果につながっているのか**など、時間への評価が研ぎ澄まされていきます。

## 1 大事な仕事はゴールデンタイムにする

　ここに、内容と所要時間は全く同じですが、それぞれの業務の時間帯が異なるスケジュールAとBがあります（図7）。

　パッと見て、どちらがタイムパフォーマンスのいいスケジュールだと思いますか？

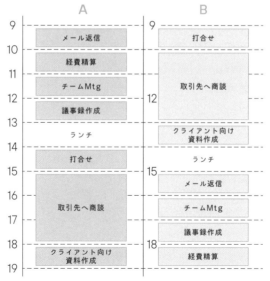

図7 | タイムパフォーマンスのいいスケジュールはどっち？

内容は同じですが、作業時間帯が異なるスケジュール。どちらのほうが作業効率がいいと思いますか？

答えはBです（図8）。

前提として、人間の意志力や思考力は、起床してから時間が過ぎるにつれて低下していきます。
実際に、**人間の脳にとって1日でもっとも生産性の高い「ゴールデンタイム」は、起床後3～4時間**と言われています。

おそらく、このスケジュールの中でもっとも大事な仕事は「取引先との商談」でしょうから、これを午前中に持ってくるべきです。

一方、Aでは、午前中に「経費精算」や「チームミーティング」「議事録作成」など、あまり思考力を必要としない仕事を入れています。対して、「クライアントに送る資料作成」は、帰宅前の1時間。これは業務終了前という帰社するタイミングが気になる時間に持ってくるべき仕事ではありません。

もちろん商談やアポなどは、相手のスケジュールの都合もあるので、全てこの通りというわけにはいきません。それでも、できる限り「自分にとって大事な仕事」は、最初のスケジュール設定から午前中で打診するなど、調整したほうがいい結果につながる可能性は上がります。

また、Bのように、**集中力が途切れやすい午後の時間帯に、あえて「チームミーティング」のような1人で黙々とする仕事以外を入れるのも工夫の1つ**です。これは自分だけでなく参

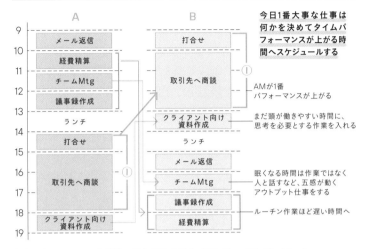

図8 | タイムパフォーマンスのいいスケジュールに変える

タイムパフォーマンスと業務の優先順位を考えてスケジューリングしましょう。

加メンバーにとっても同じこと。もし定例ミーティングが決まった時間に固定されているなら提案してみると、チーム全体の効率UPにつながるかもしれません。

## 2 「瞬間目線」と「つながり目線」を持つ

　第1章の最後で、使っている時間を「行動」と「衝動」に分けることを説明しました。「衝動」に使う時間は単なる消費になってしまうことが多く、将来につながる時間にはなりにくいですし、それを続けていると、本当にやりたい「行動」の時間がなくなってしまいます。

使っている時間の裏にあるのは衝動なのか、はたして未来につながるような行動なのか。それを見極めるのが「瞬間目線」と「つながり目線」です。

　**「今の自分と未来の自分にどれくらいつながりを感じるのか」という考え方を「自己連続性」と言います。**

　未来の自分のために「今の自分」がどのような行動をとるべきかを考えることが重要で、「瞬間目線」と「つながり目線」を持つことは、この「自己連続性」を意識することと同様の意味を持ちます。

　そして、使っている時間を「瞬間」目線だけでなく「つながり」目線で見られるようになると、時間の使い方の質が上がります。

　例えば、「毎日の健康的な食事や運動、勉強」が将来的にいいことは誰もがわかっています。
　しかし、毎日気を遣いながら食事を取ったり、健康的な肉体を維持するために運動をしたり、知識を得るために早起きして机に向かったり……といったことを、多くの人は継続できません。

　なぜなら、その「瞬間」だけを切り取って考えれば、健康に気を遣って野菜を買ったり料理をしたりすることは面倒ですし、運動するよりソファでビールが飲みたかったり、朝はもっと寝ていたいと思うからです。当然ですよね。

しかし、この「瞬間」の積み重ねが自分の未来につながっていると真剣に考えられれば、「深夜のラーメンは我慢しておこう」とか「面倒だけど1駅歩こう」とか「早起きして勉強するために早く寝よう」とか、時間を「未来につながる行動」として使うことができます。

　簡単なようでなかなかできないのですが、これができる人とできない人の差は、**「瞬間」の積み重ねが「未来」につながるという認識の程度の差、つまり、「自己連続性」をどのくらい認識しているか**、だけなのです。
　実際、2009年のスタンフォード大学の実験では「自己連続性」を感じている人ほど、「行動を先延ばしにしない」と報告されています。

　とはいえ、「そんなことを言われても、自分には無理」と思われた人が多いでしょう。
　私もそう思っていましたし、できていませんでした。自分時間を作るには「5時起きで朝活!」と言われても早起きなんかできませんでしたし（眠い）、毎日の通勤時間に英語を勉強しようと思っても続きませんでした（それより本が読みたい）。

　では、どうやって「今の瞬間と未来のつながり」を感じられるようにしたのか。自己連続性を持つためにどうしたのか。ポイントは、**1日・1年後・10年後の「3つの眼」**を持つことです。この3つの眼を使って「この時間は1日が終わった時に満足がいく時間か？　1年後は？　10年後は？」と自分に聞いてみるのです。

図9

| | 5時起きの朝活 | ヨガ |
|---|---|---|
| 1日の眼 | 朝活で1時間得た！うれしい | ヨガをすると筋トレにもなるし、1人時間が取れる |
| 1年後の眼 | 毎日1時間、1年で365時間も睡眠が減ってフラフラ | 毎週ヨガをしているおかげで、体重が増えない。精神的にも落ち着いている |
| 10年後の眼 | 朝活は続かなかった。というか、早起きして何するの？それに早寝も必須条件 | ヨガを継続しているから、体型が崩れないまま40代後半になっている |

3つの眼で見て、思ったことを言語化してみると、継続できるかできないかがわかります。

　私の中で続かなかった「5時起きの朝活」と継続に成功した「ヨガ」を3つの眼で見たのが上の表（図9）です。

　**「5時起きの朝活」**は、1日の眼、つまり「瞬間」で見ればタイムパフォーマンスは高そうですが、1年後、10年後の眼で見るとそうとも言えません。まず10年後に朝活した時間で「何を得たいか」が不明確だからです。こうなると続きません。
　逆に10年以上も続けられているヨガは、10年後の眼でみても、ポジティブに捉えられています。

当然と言えば当然ですが、3つの眼で真剣に考えてみると、続くか続かないかの感覚が摑めてくるはずです。

　今やっている仕事は、1年後にはこういうプロジェクトにつながって、10年後にはキャリアの1つになっているな、今日作った証券口座は、1年後に投資信託でこれくらいの利益が生まれているのだろうな、10年後には子どもの学費になっているな、など、**「瞬間」から「つながり」を感じる「時間の使い方」になっているか**をぜひ見てください。

　私たちは、ついつい日々の「やるべきこと」に追われています。しかし、本当にそれは「やるべきこと」なのか。時間の見える化をして、時間全体を見ていくと、決してそうではないことがわかります。

　**今、あなたが本当にやるべきなのは、自己連続性のある、将来につながる時間を使うこと**です。これをどう設計するかは、この「3つの眼」をいかに持てるかにかかっています。

## タイムパフォーマンスを高める6つのコツ

では、タイムパフォーマンスを高めるために、意識したい6つのコツについてご紹介します。

### 1 意志に頼らない仕組みを作る

時間には、**自分でコントロールできる時間とできない時間**があります。

自分でコントロールできない時間は、他者が関係するもの、仕事で言えば会議や打ち合わせなど挙げればキリがありませんが、たくさんあります。これらは、自分ではどうすることもできないものが多いので、まずは**自分でコントロールの効く時間を見直す**ことが大切です。

前提として、自分で時間をコントロールすると言っても、重要なのは「意志の強さ」ではありません。**タイムパフォーマンスが高い人は「意志」に頼らない「仕組み」を作っているだけ**です。

前述のタイムログのAとBの比較でも紹介しましたが、「午前中に思考力を使うような大事なスケジュールを持ってくる」や「午後は頭を使わないような作業をメインにする」も意志力を使わない仕組み化の1つです。他にもこんなテクニックを使ってスケジュールのズレは防止できます。

☑ 脳内メモリを使わないようにするため、スケジュール管理はスマートウォッチやスマホのリマインダーを使う（頭の中で予定を気にしたり、いちいち手帳やスマホを見ないようにする）。

☑ 集中力を維持するために、ポモドーロ・テクニック（25分の作業ごとに5分の休憩を設ける）を使う。

☑ 複数の仕事を同時にしない（特にPCのデスクトップに様々なファイルが立ち上がっている人は要注意）。頭のスイッチの切り替え時間がかかり、余計に時間を取られる。

　自分でコントロールできる時間ほど、意志力に頼らない仕組み作りが大事です。これは、先送り防止にもなります。

　時間が経てば経つほど意志力は減り、ますますやり残した面倒なことをやる気力がなくなってきますし、先延ばしになりがちです。朝一番では「よし！　今日はこれやるぞ」と意気込んでいたことでも、夕方になると「明日にするか」となりがちです。

　自分の意志の弱さを知った上で意志に頼らない仕組みを取り入れると、タイムパフォーマンスがアップします。

## 2 ルーチン時間こそエフォートレスに

　エフォートレスというのは「努力を必要としない、無理のない」という意味です。

　例えば、ネットショッピングの購入サイトなどを見て、「よし、商品を買おう」と思っても「決済方法がわからない、使えるクレジットカードが少ない、配送料が書いてあるページがわか

りにくい」と買う気が失せますよね。そういったことを防ぐため、最近のネットサイトや決済システムなどは、できるだけエフォートレスなデザインになっています。

　タイムパフォーマンスを上げるにもこの視点が使えます。**毎日やっているルーチン時間（仕事や家事など）をエフォートレスにする**のです。
　例えば、毎日着る洋服について考えてみます。そこに必要なエフォートには次のようなものがあります。

洋服を着ることのエフォート ————————————
 ・コーディネートを考える
 ・クローゼットの収納方法を考える
 ・洗濯をする
 ・畳んで仕舞う
 ・衣替えをする
 ・クリーニングに出す
 ・不要な洋服を処分する
 　etc.

　洋服だけを考えても、管理やメンテナンス含めて意外とエフォートがかかります。当然、家族が増えれば、それだけ管理にもエフォートがかかります。
　もちろん洋服が趣味だという人は楽しめばいいと思いますが、毎日やることほど、エフォートレスな状態を作っておくのは、タイムパフォーマンスのために重要です。
　私は**息子たちの保育園の服は、上下合わせて5着まで**と決

めています。ワンシーズンで使い切りです。子どもは成長するので、翌年にはサイズアウトする、下の子用にお下がりを取っておいても、保育園の匂いや黄ばみが来年も残る可能性が高く、収納を1年間用意して管理するほうが大変です。

そのため**季節の終わりには服を処分するのと入れ違いに、セールで翌年のサイズを見込んで格安の服を確保**しておきます。大人の服もハンガーにかけて見える量しか置いていませんし**「1つ買ったら1つ捨てる」のルールを設けています。**

さらに、**我が家は衣替えをしません。**リビング横の小さな部屋をクローゼットにして、そこに家族全員の服をハンガーやクリアボックスで保存しています。

夏服から冬服、鞄、コート類まで、全てをそこに保管し、ひと目で把握できるようにしています。

また、収納時の分類にも余計なエフォートはかけていません。**子どもの分は、兄弟別クリアボックスに軽く畳んで放り込むだけ**です。下着類は長男が薄い色、次男は濃い色などで分けて、ここもエフォートレス化しています。

大人分は、かごを用意しているのでそこに分けて入れています。ハンガーにかける作業は、夫婦でそれぞれがやるし、**やりたくなかったらそこに置いておき、次の日に着ればいいの**です。

なぜ「洋服」に関してここまでやっているかというと、毎日の洗濯、収納、買い物、季節ごとの洋服の管理など「着替

え」というのは、ルーチン時間の中でも努力を必要とする時間が多いからです。タイムパフォーマンスを上げようと思ったら、できるだけ**「毎日長く時間を使っているルーチン時間や、関わるものが多いルーチン時間」ほどエフォートレスにすると効果が高い**のです。

みなさんもタイムログを見て、ルーチン時間の中から「これはエフォートが多い」と思う時間をピックアップしてみてください。私のように「着替え」でもいいですし、「食事＝買い物、献立、作る準備、余った食材管理など」でもいいでしょう。

仕事であれば業務ごとに、「毎週の定期ミーティング＝メンバーへのスケジュール押さえメール、会議室の予約、資料作成など」と分けて考えると色々と見えてきます。

引き算の章でも触れますが、ルーチン作業ほどエフォートレスにできないかと考えると、タイムパフォーマンスが上がります。

## ③ スキマ時間を作らない

時間術やライフハック術では、スキマ時間をいかにうまく使うかが、テクニックとしてよく紹介されています。

しかし、私はスキマ時間の活用はあまりオススメしません。**スキマを作るとそれだけ作業が分断されてしまい、別の作業に取り掛かる時に頭のエンジンを切り替えるための始動の時間が余計に必要になる**からです。

みなさんも経験があると思うのですが、「今日はアポイントやミーティングが多いから、スキマ時間に色々やるぞ！」と思っていたのに、1日を終えてみると、「意外と仕事が進んでないな」と感じることがあるでしょう。

このように、予定が細切れにたくさんあり、スキマ時間が多いと逆に作業効率が下がってしまうのです。

また、スキマ時間を作らないというのは、**スケジュールをギチギチに詰めろという意味ではありません。「頭のエンジンを何度もかけ直すような分断した作業を増やさない」**という意味です。

要は、書類を作っているのなら、メール作成や1人でデスクに向かう仕事を同じ時間帯にまとめたり、外出予定があるなら、朝と午後に分けるのではなく、できるだけ朝に2つ入れてしまいましょう。**「アクションが似ているモノ」はまとめて**しまったほうが、頭のエンジンの切り替え時間が減るため、パフォーマンスは出やすいのです。

## 4 5秒で決める

さらに、タイムパフォーマンスを上げるなら、**「迷う時間を減らす」**のもポイントになります。

悩みにも色々あります。「新しいパソコンを買うか買わないか」、「転職をするかしないか」、「子どものレインコートを買うか買わないか」など様々ですが、**どんな悩みでも、決断しな**

**いとずっと頭の中に残り続けます。**

　ワーキングメモリーがずっと働いている状態になるため、タイムパフォーマンスの邪魔になります。

　では、この「迷いや優柔不断」をどうしたら減らせるのか。
　私のオススメは「**5秒以内に決める練習をする**」ことです。

　ランチに行ってずっとメニューを迷っている人がいますよね。これはなぜ迷うのかというと、「どれもよさそうに見える、美味しいものを食べたい、損をしたくない」といった心理が働いています。
　「ランチを決める」だけなのに「選択力や意志力、時間」を使っています。**大事なことは迷うべきですが、人生においてさほど重要ではないことは、できるだけシンプルに即決したほうがいい**のです。

　ランチメニューの選択、スタバのドリンク選び、飲み会や遊びの誘いなど、なんでもすぐに決められそうなものは全て5秒以内に決める練習をしてみましょう。小さな決断の積み重ねから、やがて大きな決断もできるようになります。

　余談ですが、有名なIT企業創始者のスティーブ・ジョブズやマーク・ザッカーバーグが「洋服」をTシャツとジーパンに固定していたり、イチローが現役時代にカレーを食べることを日々のルーチンの1つにしていたのも同じことです。洋服選びや食事のメニュー選びなど、その時の自分の人生にとってそこまで重要ではないシーンでは、そもそも「選ぶ」という

行為を発生させない仕組みを作り、「選択力」をここぞ！　のために取っておくのです。

## 5 選択の回数を減らす

　「即決練習」のことを書いた後ですが、「選択疲れ」という言葉を知っていますか？　**人間は、1日に9000〜3万5000回ほど選択→決断をしている**と言われています。

　えーそんなに！　とびっくりしますよね。

　玄関のドアを開け「今日は雨が降るのかな、傘を持っていこうかな」といった小さな選択も1回とカウントされます。

　駅に着いたら何両目に乗ろうか、階段は右側から上がって行こうか、職場に着く前にコンビニで飲み物を買っていこうか……私たちは毎日無意識のうちに、このような小さな選択を繰り返しています。

　そして、その度に脳を働かせています。**朝1番だったらたいして迷わないことでも、夜になると迷ってしまう。それは脳が疲れている**からです。

　起きてから時間が経てば経つほど、タイムパフォーマンスも下がっていきます。

　特に、独身で24時間を自分のために使えるという人以外は、気をつける必要があります。**共働き世代は、家族のためや子どものために、決断を代わりにする必要が出てきます。**当然、その分の選択疲れが溜まりやすいのです。

　朝起きて、気温や天気をチェックして、子どもの服を選ぶ、

子どもの朝食はパンよりご飯がいいのかと選ぶ、玄関では子どもがどの靴下なら自分で履くのか選ぶ、保育園に着いたら……と自分以外の細かな選択まで、請け負っているのです。

もし子どもの選択を半分でも請け負えば、子どもがいない人の1.5倍の選択をしなければならない計算になります。

「帰ったら疲れていて何もする気にならない」という、共働き世代は、この「選択疲れ」が影響している可能性大です。これを防ぐ方法は2つしかありません。

- **選択回数を減らす、やめる**
- **選択力のある朝に自分時間を持ってくる**

私は前述の通り、朝活ができないタイプだったので、選択回数を減らすことにしました。

具体的には次です。

家庭内で選択を減らす仕組み ─────────

1 朝ごはんメニューを固定する
2 洋服のコーディネートを固定する
3 子どもが自ら選択する仕組みを作る（保育園準備、おもちゃの片付けなど）

仕事で選択を減らす＆やめる仕組み ─────────

1 メールの定型文フォーマットを増やす
2 誘われた時のルールを決める
3 迷いそうな仕事の案件は上司に先に判断軸を尋ねる

詳しくは引き算の章で触れますが、私はこれらの仕組み作りに2年かけて取り組み、選択するのをやめていきました。

　このように、すぐにできることから、小さな選択をする必要がないように工夫をしました。

## 6　余白を設計する

　時間の見える化でタイムログを取ると、何に使っているかわからない空白の時間が浮かび上がってきたと思います。すると「よし！　この空白の時間はこれに使おう!」と、ついついタイムパフォーマンスを上げるべく、有用そうな行動や予定を入れたくなります。

　しかし、スキマ時間のところでも触れた通り、スケジュールはギチギチに詰めてはいけません。**余白は余白として残しておいたほうが、全体的なパフォーマンスアップにつながります。**車のハンドルに「遊び」が必要なように、私たちのスケジュールにもこの「遊び」と同じ「余白」が必要なのです。

　なぜなら、人生は予定通りに進まないからです。意図的に余白時間を設けておくと、突発的な出来事に対応する時間に充てられるし、心にも余裕が生まれます。

　想定外のことが起こらなければ、元々何に使うか決めていないボーナスタイムなので、好きなことをする時間に変えてしまえばいいのです。

**余白時間の目安は、睡眠時間を除いたうちの10％**です。私の場合はだいたい7時間睡眠なので、（24h-7h）×0.1=1.7h、つまり102分（1h42m）が1日のうちの余白時間となります。

これを細切れの遊びの時間として、スケジュールの合間に挟んでいます。

こうすることで、頭のエンジンの切り替えもスムーズにできますし、スケジュールに追われるような時間の使い方から脱することができます。

余白時間 ─────────────────────────

（24時間－睡眠時間）× 0.1

## タイムパフォーマンスを高めると、本当にやりたいことができるようになる

　タイムパフォーマンスを意識した「時間」を使えると、今まで多忙で見えていなかった、自分の内側から湧く興味や関心に気がつきます。次第に**「心の底からやりたいと思えることをやろう！」**という力が湧いてきます。心理学用語で「内発的動機づけ」と言われるものです。

　子どもを見ているとわかるのですが、子どもは自分の興味を持ったことに、ものすごい集中力で取り組むことができます。これは自分の内側から「やりたい！」という強い気持ちの動機づけができている状態です。

　自らが本当にやりたいと思っていることをやっている時は、ものすごく集中し、パフォーマンスは劇的に向上します。時間あたりの生産性がいい、タイムパフォーマンスが上がる瞬間です。

　**タイムパフォーマンスがいい時間を過ごせると、短い時間でも「自己効力感」が生まれます。**自己効力感とは、心理学者アルバート・バンデュラが唱えた「どんな状況においても自分は必要な行動をうまく取れると、自分の可能性を認知している」心の状態です。

　そして、忙しいと感じている、特に家族持ちの30-40代の働き盛りの人ほど、自分が「やりたい」と思って行動している

時間が少ないので、この「自己効力感」が損なわれています。

　こういった人は少しでもいいから、自分なりのタイムパフォーマンスを感じられる時間を作ってあげる必要があります。少しでも「自分にもできるな」と思えば「自己効力感」が生まれます。すると「もう少しやってみよう。工夫してみよう」と前向きに取り組むことができます。

　**タイムパフォーマンスがいい時間を過ごせる→自己効力感が上がる**、この回転がどんどん回りはじめ、自然といい時間の使い方になっていくのです。

　ここまで、時間の見える化（全体最適）、タイムパフォーマンス（部分最適）を見てきました。ここからはいよいよ、時間の引き算と足し算のテクニックに入っていきます。

| 第2章まとめ |
| --- |
| ☑ 時間の使い方の質を高めよう |
| ☑ 意志力と思考力を考慮したスケジューリングをしよう |
| ☑ 「瞬間目線」と「つながり目線」を持とう |
| ☑ 「選択しない」仕組みを作ろう |
| ☑ できることからはじめ、<br>タイムパフォーマンスと自己効力感のいい循環を作ろう |

## 第 3 章

やめる時間術のカギ
時間の「引き算」

時間を見える化したら**「自分の大事なものに時間をかけたい！　時間って有限だな」**と改めて感じませんでしたか？　では、どうやって「大事にしたい時間」を忙しいスケジュールに組み込んでいけばいいのでしょうか。

　ここからは、いよいよ「時間の引き算と足し算」が重要になってきます。

　「そうは言っても仕事の精度は落とせないし、子どもの世話もあるし、見える化しても減らすところがほとんどなかった」という方がいらっしゃいます。

　実は私もこのタイプでした。ここまで紹介してきたようなあらゆる時短の技術を使っても、仕事を定時に終わらせて帰ることもままなりませんでした。これ以上仕事の時間を削ることはできないし、なんだかんだ家に帰ってから家事や子どもの世話をしていると、あっという間に22時……。一体どこに時間を作る余裕があるのだろうと思っていました。

　そんな私でしたが、**職場で管理職になっても、子どもが2人になっても、毎日1時間半の自分時間を作れるようになった**ので、みなさんも必ずできます。

## 価値観を見直す時間の引き算

**「時間の引き算」とは、自分の人生の優先度に基づいて、優先度の低いものにかける時間をやめること**です。この時に大事になるのは「自分の価値観」です。

この本全体の時間の考え方を計算式にすると次のようになります。

時間の考え方
　①自分の使っていた時間（見える化）ー ②価値の低い時間（引き算）＝ ③本当にやりたいことに使う時間（足し算）

自分の価値観に基づいた「引き算力・やめる力」をつけておくと、「満足のいく時間」を増やせるし、それが長い人生の中で役立つ「力」になります。

でも、満足度を上げるには、「足し算」が先ではないの？と思われたかもしれません。

もちろん、すでに「本当にやりたいこと」がある人や、自分の「やるべきこと」が明確な人は、それに照らして時間の使い方を考えていったほうがうまくいくでしょう。

しかし、以前の私もそうでしたが、この本を手にとられた人も、「本当にやりたいこと」や「やるべきこと」が何なのか、よくわからないのではないでしょうか。

それは、**「自分にとって大事なことは何か」という自分の価値観が曖昧だから**です。

　「時間の引き算」をしていくと、自分の価値観があぶり出されます。やめることでやること、やりたいことが見えてくるのです。

　「自分はこんなことを大事にしていたのか」
　「自分のやりたいことはこれなのかもしれない」

　といった、価値観に基づいた**「本当に使うべき時間」**が見えてきます。

　また、そもそも24時間という枠は決まっているので、まずは引いてやめる時間を作らないと「足し算」に使える時間の枠がありません。
　まずは、これから紹介する考え方とテクニックを使って、優先度の低い時間をやめていきましょう。

## やめる見本はワーキングマザー

　実は、この**「引き算力」に長けているのは、日本のワーキングマザー (ワーママ) です**。

　日本は諸外国と違って、子育てや家事を外注することがまだまだ一般的ではありません。少しずつ変わってきてはいるものの働き方の多様性にも乏しく、女性が会社員として子育てしながら働くには、何かをやめて「引き算」しないと生活が回りません。こうして自ずとワーキングマザーたちの「引き算力」が磨かれていくのです。

　両親がフルタイム勤務で働く子持ち核家族は、びっくりするくらいにすぐ「時間がない」状態に陥ります。
　特に夫が日本型の長時間労働をしている家庭は、母親側の時間が顕著になくなります。
　実際、6歳以下の幼児持ち共働き家庭では、**妻は夫と比べて4.9倍の時間、家事・育児をしている**と内閣府の調査で報告されています。

　私も育休明けに仕事復帰してつくづく感じましたが、ワーキングマザーは強制的に24時間を見直さないと、すぐに生活が立ち行かなくなります。
　もう時間がなさすぎて「仕事をやめるか、家事をやめるか、子育てを放棄するか」というような究極の選択を迫られます。これを乗り越えるためには、**価値観の変容 (パラダイムシフト)**

**を起こして、自分が変化する**しかありません。

「時間の枠」を乗り越えるためには、優先度をつけて、今必要のないもの、順位が低いものをやめていくしかない。そのため、ワーママたちは「仕事・家事・育児」の優先度を常に考えています。

「今朝は子どもがぐずぐずしてたから、夜に発熱するかもしれない。明日、病院に連れていかなければならないかもな……。ということは、明日提出予定の資料は早めに仕上げておかないとやばい。昼休みはいつもの半分の時間にして、今やっている仕事を1時間後に回し、資料を先に仕上げておこう」

このように、瞬時にやることの優先度をつけて、時間の「引き算」や「入れ替え」を行っています。

私は、これを**「時間の使い方の筋トレ中」**と例えています。ワーママたちは毎日、負荷ギプスをはめた状態で筋トレをしているようなものです。気がつくと「時間の使い方」が急激に上達します。

ワーママのように「そうしないと生活が回らない」となると、切羽詰まって、時間の「引き算力」が向上するのです。私自身も、時間の使い方がうまくなったと実感しているのは、共働きワーキングマザーになってからです。

## 「マイものさし」を持つ

　時間の見える化をした後に、「引き算と足し算」をする時には、闇雲に足したり引いたりすればいいわけではありません。

「どの時間を引き、足せばいいのか」

　この基準となるのが自分の価値観です。

　この価値観を明確にするために、時間に対する**「マイものさし」**を持ちましょう。
　ここでは3つの「ものさし」を紹介します。まずは見える化した時間を「分ける」時に意識したい3つです。

### ものさし1 「投資・消費・浪費」

　自分が使っている時間を次の3つに分けてみましょう。

- **投資＝後々にリターンが見込めるもの**
- **消費＝日々生活していく上で必要なもの**
- **浪費＝無駄に使っているもの**

　時間を「未来のために使うもの」「今使うべきもの」「無駄使いになっているもの」、この**3つに分ける癖**をつけます。
　例えば、SNSを目的もなくダラダラ見ている時間は、多くの人にとって「浪費」です。食事の準備をしている時間は生

活に必要な時間なので、「消費」の時間になります。会社で
上司に誘われてランチを食べている時間は、仕事のミーティ
ングを兼ねたり、報連相や情報収集目的なら「投資」になり
ますが、ただ2人で食べるだけなら「消費」でしょうか。本当
は1人で読書しながら食べたいのに、断れずに付き合ってい
るなら「浪費」になります（図10）。

このように、**自分が今過ごしている時間は「投資・消費・浪
費」のどれに当てはまる**のか、常にアンテナを立てておきます。
こうすれば、自分の時間は今どれなんだろうという感覚が磨
かれ、上手に時間を引くことができるようになるのです。

| 図10 | 行動を「投資・消費・浪費」で見る |
| --- | --- |

### 同じことでも理由や目的で投・消・浪は異なる

| 通勤中に | | 理由 |
| --- | --- | --- |
| ＳＮＳを見る | 投資 → | 仕事で必要な資格を実際に取得している人とつながり、コメントのやり取りをしておすすめスクール情報を入手する |
| ＳＮＳを見る | 消費 → | 家電の買い替えを予定しているので、実際の使用者のレビューを見る |
| ＳＮＳを見る | 浪費 → | だらだらと流れていくモーメントを見て、なぜか芸能人の不倫ネタを読んでいる |

同じことでも理由や目的で投資か消費か浪費かが変わります。

**自分の時給を基準に「使う時間」の価値を測る**方法です（図11）。

まず、自分の時間を時給換算してみてください。計算方法は簡単です。1ヶ月で手にした「収入」をその収入を得るために使った「時間」で割るだけです。

最近はネットで自分の給与と労働時間を入れたら、時給換算してくれるサイトがあります。

特に何かを人に頼むのに苦手意識がある人、人の頼みを断れない人は、このものさしを取り入れると、時間の引き算が劇的によくなります。

自分の時給の計算式 ───────────

月給÷月の総労働時間

例えば、月給40万円の人が月160時間労働の場合、時給は2500円です。この人が2000円の家事代行サービスを頼むとしましょう。そこから生まれた1時間で、仕事や自分の好きなことや取り組みたいことをするのなら、自分の時給2500円から考えても、価値のある時間になります。

この時給2500円の人が、1時間5000円のセミナーに出る場合はどうでしょうか。5000円プラス自分の時給2500円がかかっているので7500円分の価値がないと割に合いません。

このように、自己投資に見合うかどうかも、「自分の時給」というものさしを持っておくと、セミナーを受講するにしても真剣度が増すのではないでしょうか。

自分の時給を知っておくと、**何か時間の使い方の判断に迷った時に有効**です。

「家事をしてもらうだけなのにもったいないなー」と家事代行の依頼を躊躇する時も、依頼する金額が自分の時給より低いのであれば、自分は仕事をしたり、自分の時給を上げるための投資の時間に充てたほうがいいのです。

図 11 ｜ 自分の時給を基準に考える

## ものさし3 コントロール可能か不可能か

「自分と他人」「未来と過去」

どれが自分でコントロールできて、どれがコントロールできないものでしょうか。答えは簡単で、「自分と未来」だけがコントロールできるものですね。誰でも頭ではわかっています。

ところが、時間の使い方で見ると、意外と自分がコントロールできないことに時間を使っていて、しかもそれらを「引くこと」ができないと思っている方が多いです。

例えば仕事において自分でコントロールできることとできないことに分けてみましょう。

**自分でコントロールできること** ─────────

- 職種のためのスキルアップ
- 仕事にかける時間
- 他部署への異動願い
- 社内でのコミュニケーションの取り方
- 勤務地に合わせた自宅を選ぶ
  など

**自分でコントロールできないこと** ─────────

- 所属する部署
- 仕事の内容や勤務時間
- 社内で一緒に働くメンバー
- 評価
- 会社の場所
  など

「会社が近かったらなあ」と言いながら、毎日往復2時間かけて通勤している人がいますが、会社の場所を自分で移動させることはできません。自分でコントロールできないことを嘆いても意味がないのです。

自分でできるのは「自宅の場所の選定」や「会社を変える」ことだけです。わかっているはずなのにコントロールできないことにこだわっているのは、はっきり言って時間のムダです。

もちろん、自宅を他に移せない理由は、挙げればキリがありません。それなら、**通勤時間は自分ではコントロールできない＝引けない時間と割り切って、自分にとって有用な時間へ転換する**必要があります。

また、職場で長時間かけて行った仕事に対して、いい評価が得られなかったとします。「評価」は他人がするものなので、コントロール不可能です。

これはもう仕方がないことなので、今回は仕方ない。次はどうするか？　と考えて割り切るしかありません。

しかし中には、「評価されないのは、上司との相性が悪いせいだ」などと結論づけ、そこから上司の不満を同僚に訴えたり、いい評価をもらった同期と比べて次の仕事のやる気が失せたり、負のループに陥る人も多いです。

**自分ではどうにもならないコントロールできないことに、貴重な思考の時間を割くべきではありません**。むしろ、コントロールできる次の仕事に取りかかったり、評価してもらいたいなら評価基準の情報を集めたほうがよほど建設的です。

時間の引き算においても、自分がコントロールできることとできないことに分けることは重要です。すでに終わった出来事など、自分にコントロール権がないものに使っている時間はどんどん引いていきましょう。

　**時間を使うのは自分がコントロールできることだけ**、と割り切ってください。

## 3つの「マイものさし」を当てる

　時間の見える化で作った自分の24時間のタイムログを見て、「引き算候補の時間」に3つの「マイものさし」を当ててみましょう。

　例えばそのタイムログには、掃除が週2回あり1回あたり45分、合計で90分かけているとします。これは引き算できるのかな？　と考えます。

　ものさし①＝消費ではない。しかし残すべきか？
　ものさし②＝時給（2500円）で見ると3750円。結構コストがかかる
　ものさし③＝掃除の時間は自分でコントロール可能

　このように考えた結果、私は時給1500円の家事代行さんに、週1回2時間（3000円）で掃除を頼んで、その時間は資格の勉強（投資）か、子どもと過ごす時間に充てることにしました（図12）。

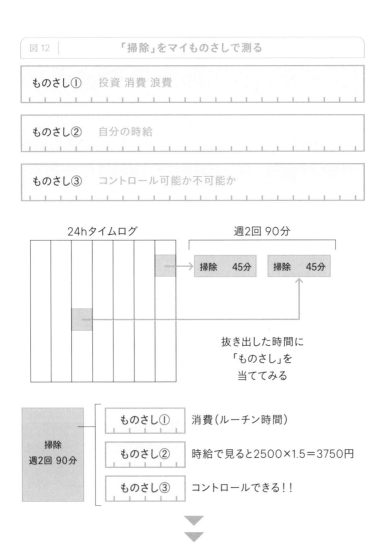

図12　　「掃除」をマイものさしで測る

ものさし①　投資 消費 浪費

ものさし②　自分の時給

ものさし③　コントロール可能か不可能か

24hタイムログ　　　　　週2回 90分

掃除　45分　　　掃除　45分

抜き出した時間に
「ものさし」を
当ててみる

掃除
週2回 90分

ものさし①　消費(ルーチン時間)

ものさし②　時給で見ると2500×1.5＝3750円

ものさし③　コントロールできる！！

引き算する時間なのでは？

24時間タイムログの中から項目を選んで、それぞれものさしを当てて考えてみると、引くべき時間が見えてきます。

## 引き算がうまくできない人

　ここで引き算が下手な人、何かをやめることができない人の特徴も確認しておきましょう。

### 1　完璧主義者

　引き算が下手な人は、幼少期から割と優秀な、いわゆるいい子で「完璧主義者」が多いのです。

　「いい子」は人の反応が気になります。人の機嫌を損ねるようなことを避けようとします。

　そして、責任感もあるうえに、やるとほめられてきた経験もあり、認められたいという承認欲求が強いのも特徴です。時間がなくても他人から求められれば、仕事でも家庭でも、全ての役割に対して最大限の努力をしようとします。**他人の「こうあるべき」を満たす習慣が日常的に身についている**のです。

　その結果、なかなか時間の引き算ができず、やっていることをやめる決断ができません。

### 2　マイものさしを持てない

　「完璧主義者」と重なるケースが多いのですが、**「自分で優先度がつけられない」**という人も引き算が下手です。

　というより、先ほど紹介した「マイものさし」を持てないので、時間を引いたりやめたりできません。

お金を節約しようと思ったらまずは固定費を減らしますよね。

例えば、大手キャリアの携帯電話契約を解約して格安SIMを導入する、漫然と加入していた保険を見直すなどの対策を多くの人がしています。

しかし一方で、支出は減らしたいけど、やっぱり大手キャリアのほうが何かと安心だからそのままにしておいたり、営業の人との付き合いがあるため保険を見直せない、という人たちも多くいます。

この人たちは**「優先度の判断軸が他人にある」**と考えられます。あらゆる物事の判断を「他人の軸」ですることに慣れてしまい、自分で優先度を決めて判断する力が持てないのです。

そのため、「引き算」しようと思っても、その判断に自信が持てず「やっぱり引けない！　全部必要かも」となってしまうのです。

こういった人は、まずは**3つの「ものさし」のうち、どれか1つだけでもいいので、とにかく、ものさしを使う練習をしてください**。それによってたとえ15分でも時間を見直せれば、それが小さな成功体験になって、段々できるようになっていきます。

できないのではなく、これまでやってこなかっただけです。やってみたら必ずできるようになるし、自分の価値観は明確化していきます。

## 引き算のテクニック

　ではここからは、ものさしで時間を分けた後に、「引くべき」時間を見つけていくテクニックをご紹介します。

### テクニック1 　5つの質問を使う

　次の5つの質問を使って、自分が「引きたい時間」へ問いかけをしてみてください。

5つの質問

・これをやめたら誰が困るのか？
・誰かがやってくれるならやってもらいたいか？
・時間が無限にあってもやりたいか？
・この時間の代わりにやりたいことがあるか？
・3年、5年、10年後につながる時間になるか？

　例えば、週2回やっている掃除にこの質問をしてみます。

　○ やめたら誰が困るのか？
　▶ 家族が困る？　そもそもきれいになっていると気がついていないのでは？
　○ 誰かが代わりにやってくれる？
　▶ 夫は不在が多いので誰もやってくれない。
　○ 時間が無限にあってもやりたいか？

▶ やりたいわけではないが、家がきれいだと気持ちよく過ごせる。

　○ 掃除の代わりにやりたいことがあるか？

　▶ 子どもと過ごしたい。

とにかく自分で質問して答えを言葉にしていきます。

　我が家はこの質問のあとに、掃除時間を引くため「ルンバ」と「ブラーバ」というロボット掃除機2台を取り入れました。「家族は掃除の有無に気づくほど神経質ではないが、誰かが私の代わりにやってくれるわけではない。でもやらないことを選べば、子どもと過ごす時間が増える」と考え、機械に頼ることにしました。

　人によっては、「夫がやる」「子どもがやる」「外注する」「週2回の掃除を1回にする」など、引き算の答えは様々です。自分がやりたいけど時間がなくて仕方なく「引く」人は、外注もいいですね。「私がやらなければ」という気持ちのマイナス分まで外注に出して見えなくしてしまうのも1つの答えです。

　**問いかけをすると「引く」べき「回数」や「方法」などが見える化して、引きやすくなります。**

　では仕事でも考えてみましょう。

　例えば、定例の仕事であるミーティングの議事録作成に5つの質問の答えを考えてみます。

○ 議事録作成をやめたら誰が困るのか？

▶ 他の参加者から議事録を読んでいるって話を聞いたことないな。困った時に確認する程度にしか使われてないのかも。

○ 誰か代わってくれるならやってもらいたいか？

▶ 代わってもらいたい！　そういえば、議事録を読んでる発言はＡさんが多いかも。

○ 議事録を作る代わりに何かやりたい時間があるのか？

▶ 読んでいる人が少ないなら、別の仕事時間に充てたい。

○ ３年、５年、10年後につながる時間になるか？

▶ 仕事のやり方も日々変わるし、議事録をタイピングで取る習慣はいつかなくなるだろうな。

　こうやって質問していくと、「議事録作成」という業務をなんとなく継続しているけど、そもそも私が使うべき時間なのかということに考えが及びます。

　この場合は、Ａさんに交代で取らないか提案してもいいし、あえて作らずに様子を見るという選択肢も浮かんできます。

**「やったらいいことはたくさんあるが、やらなくても困らないこと」**を見つけるのが「引き算」では重要なポイントになります。

　引き算に迷う時は「5つの質問」を使ってみてください。

テクニック 2 やりたくないことリストを作る

　私は日頃から**「やりたくないことリスト」**の作成をオススメしています（図13）。

図 13 | やりたくないことリストを作る

| Not to do |
| --- |
| ・ 子どもの寝かしつけ |
| ・ 朝食の準備 |
| ・ 書類のチェック |
| ・ ストッキングを穿きたくない |
| ・ SNSに1日30分以上使う |
| ・ 夜更かし |
| ・ 嫌な人と会う |

このように実際に書いて残しておくことが大切。to doではなく、Not to doリストを作りましょう。

　巷の手帳術は、「やりたいことリスト」を書くよう推奨されていますが、やりたいことをやろうと思ったら（足し算）、**やりたくないことを決める必要がある**ので（引き算）、日頃から「やりたくないこと」を明確にしておくのです。

　ふつうに過ごしている中で、「あ！　これやりたくないな」と思うことがあれば、とりあえずメモしておきましょう。スマホのメモ帳や手帳など何でも構いません。私はスマホのメモ帳に音声入力でささっと入れてしまいます。

　例えば、私のやりたくないことリストは、子どもの寝かしつけ、朝食の準備、職場での提出書類のチェックなどが会社

員時代は並んでいました。

　では、これをやめるためにどうしたのか？　例えば、2人いる子ども（2歳、6歳）の寝かしつけは、次のように子ども2人で寝るように仕組みを変えました。

- 21時になったら寝室へ行く
- 10分起きに部屋を離れて、睡眠確認（安心させつつ居なくなる）
- 寝る前に絵本を読む（就寝のトリガーにする）
- 家中の部屋を真っ暗にするなど

　3ヶ月ほどかかりましたが、結果的に、今は子ども2人だけで眠れるようになり、私の寝かしつけ時間はなくなりました。引き算の成功です。

　他にも私は「朝食の準備」が嫌でした。

　我が家では、せっかく朝食の準備をしても子どもが食べない時も多く、その残飯処理や食器の片付けにも時間を取られていました。
　とはいえ、朝食を取らないのも身体に悪いですし、「パンのみ」のように1品にするのもよくないなと思っていました。

　そこで、**炊き込みご飯を朝食にする**ことにしたのです。就寝前に仕込んでタイマーをセットすれば、朝にはでき上がっ

ています。

　炊き込みご飯は野菜もタンパク質も取れるので、これさえ出せば、茶碗1つで朝ご飯が完了です。余れば、夫が弁当にして持って行きます。洗い物も減るし、朝食作りに悩む時間、生ゴミの処理などの時間も同時に減らすことができました。

　朝食メニューの固定化は、思考や行動も引き算できるので、ものすごく有効です。

### テクニック3 ポジティブワードに変換する

　やりたくないことリストには、ネガティブワードが並びます。この時、「○○したくない」と同時に、ポジティブワードに変換した言葉を足しておくと、それが同時に解決策になってくれます（図14）。

　ここにあるように、会社の書類チェックも「やりたくないことリスト」に入っていました。間違いを見つける能力がとても低いため、見落としが多いのです。
　そこで**「書類のチェックをしたくない→チェックをしない状況を作る」**に書き換えてリストに入れておきました。

　するとある日、書類の間違いチェック能力が高い後輩がいることに気がつきました。書類チェックをしない状況を作ることにアンテナを立てていたので、後輩の能力がひっかかって見えました。すぐに毎回アイスコーヒーを奢って、書類のチェックをしてもらう提案をしたら、OKしてくれました。

| 図 14 | Not to doをポジティブワードに変換 |

| Not to do | ポジティブワードに転換しておく |
|---|---|
| ・子どもの寝かしつけ | → ・子どもだけで寝る |
| ・朝食の準備をしたくない | → ・かんたん朝食メニューを見つける |
| ・書類のチェック | → ・得意な人に頼むなどチェックしないようにする |
| ・ストッキングを穿きたくない | → ・靴下を穿く |
| ・SNSに1日30分以上使う | → ・SNSは電車内だけにする |
| ・夜更かし | → ・23時には寝る |
| ・嫌な人と会う | → ・好きな人とだけ約束する |

やりたくないことの裏返しはやりたいことであるケースが多いです。自ずと自分がしたいことが見えてきて、満足できる時間を過ごそうと動けるようになります。

　私が30分かけても見つけられないような誤字脱字も、この後輩がやると3分で見つかるのです。それ以来大きな書類のチェックミスがなくなりました。

　これはまさに、やりたくないことリストに「書類のチェック」と書き、それをポジティブワードに変換していたからこそ、後輩の存在に気がつき、引き算につながった1例です。

テクニック **4** **他のことを考えている時間を
あぶり出す**

　第1章でつけたタイムログを見つめていて、「引き算する時間」がほとんどないなと思っている方は、**「やりながら違う**

図 15 | 違うことを考えてしまっている時間を見つける

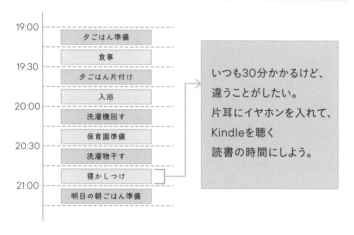

目の前のことではないところに思考が飛ぶ時間は、引き算する時間の有力候補です。

**こと」を考えている時間のチェックをしましょう**（図15）。

　　**人間が1つのことに集中して取り組める時間は、だいたい 60 ～ 90分**と言われています。

　皆さんも、日々の生活の中で、何かをやっていても**「違うことを考えてしまいがちな時間」**というのはありませんか？

　タイムログを見て「夕方の4時に会議に出てるけど、この日は明日の朝までに出す書類の構成を考えてたな」とか「この日の夜は子どもに付き合って電車遊びをしてたけど、週末に家族で行く旅行の荷物リストを考えてたな」とか、こういった時間は、実は**引き算するべき時間の有力候補**になります。

引き算というのは、その時間を減らしたりやめたりすることですが、身体が拘束されていても**「思考が違うことに向けられている時間」**も引き算できます。会議に出ていても、集中できていないなら「会議中は会議のことを考えるべし」という思い込みを捨て、「別のことに思考を使おう」と割り切ってしまうのも1つの手です。

　子どもの寝かしつけをする時間は、暗闇で目を閉じて子どもが安心して眠れるように横にいるのがメインの行動になります。実はこの寝かしつけが嫌だという親は多いです。子どもを寝かせた後にやりたいことがあるのに、暗闇で30分も目を閉じたら、こちらも「寝落ち」してしまったり、「早く寝ないかな」と思うほど子どもが寝てくれなかったりするからです。
　そういう人は、寝かしつけをしながら、片耳にイヤホンを入れて、Kindleの読み上げを聞くなど、読書をしている時間と割り切って考えてしまえばいいのです。

　身体は時間的拘束を受けても、思考は拘束されません。それができる状況であれば、他のことを考えている時間も引き算に積極的に使ってしまいましょう。

## 引き算をスムーズに取り入れるために

### 1 スモールステップと準備時間

　前述しましたが、私は「朝食の準備、片付け」を引き算するために、固定メニューとして「朝食に炊き込みご飯を導入した」と書きました。これは「よし、引き算するぞ!」と、いきなり月曜日から金曜日までの朝食に導入したわけではありません。

　「引き算」の仕組みをスムーズに入れていくには、**スモールステップが鍵**です。
　特にルーチン時間（毎日やっている作業）の引き算は仕組みを作って**習慣化させる**ことが大事になります。
　この仕組み作りに大事なもう1つは、準備時間を作ることです。朝ごはんを固定メニューに変えたいと思ったのなら、変えるために必要な準備時間まで用意します。

スモールステップ
- 一気に引き算しない
- 1日ずつなど小さくはじめる
- うまくいかない時は1つ戻る

準備時間
- 引き算を導入するために必要な時間を作る

・必要な工程を分ける

・準備に必要な手配をする


　では、前章で例に出した「朝食を炊き込みご飯にする」ために、必要な行動と準備時間を書いてみましょう。

スモールステップ ────────────────────

　1　生協で炊き込みご飯用の野菜やお肉を頼む

　2　材料は、夜ご飯の準備時に切る

　3　夕食の片付けのついでに、翌朝タイマーで炊飯器をセットする

　4　週2回（月、金）から試す（家族の反応を見て毎食炊き込みごはんでいけるか判断する）

準備時間 ──────────────────────────

　・炊き込みご飯の材料を購入する仕組みはどうする？

　・材料をいつ切る？　いつ炊飯器に入れる？

　・週何回から試してみる？

　・誰の反応を確かめて継続するか考える？


　いきなり「全部」をやめるような「引き算」をしてしまうと、リバウンドしやすく、「何が原因」で続かなかったのかがわからなくなります。

　上記の具体例のようにスモールステップと準備時間を取り入れて、引き算をしていくことが大切です。

## 2 │ 時間のリバウンド防止策

　時間の引き算をしていくと「あれ？　意外と引き算できる！」と感じます。「よし！　いい時間の使い方にするぞ！」と意気込んで、どんどん引き算を進めていくと……、片付けやダイエットと一緒で、リバウンドします。

　**時間のリバウンドとは、結局は「元の時間の使い方に戻ってしまう」**ことです。

　人間は基本的に怠ける生き物です。最初は頑張っていても、段々面倒になっていきます。あまり考えずに、なんとなく時間が過ぎていくほうが楽なのです。

　大晦日の大掃除などがいい例です。張り切ってきれいにするのに、毎月はできず、1年後……気づけば元の散らかった部屋に戻っています。

　そうならないためのコツは、**「全部をやめる、引く」をしない**ことです。ダイエットと同じで、いきなり「運動、食事、筋トレ」を毎日に取り入れても継続しません。ダイエットでも、リバウンドしないためには「一気に体重を落とさない」や「食生活や運動習慣を日常に支障が出るほど変えない」ことが重要だと言われています。

　時間の引き算も同じです。例えば、毎日15分の引き算からなど、少しずつ取り入れていくのです。

①どこでやるのか
②いつやるのか
③ダメなら1つ戻る
この順番で少しずつやっていきましょう。

まず、①どこでやるのかを思い浮かべながら、毎日の中で②いつの時間を減らす＆やめる、置き換えるのかを決めます。
できなかった時は③何が原因でできないのかを考え、1つ戻ります。これを繰り返しながら徐々に引いていくことが肝心です。

やることを細分化しておくと、リバウンドさせない以外にも効果があります。それは、**時間に対する「達成感」**が増すことです。共働きで育児をしながら家事や仕事をしている方は、日々の「やり終えたい！」を阻害されています。達成欲阻害と言われるものです。

「この食器を洗い終えたいのに、子どもが泣きはじめたから中断して抱っこする」
「仕事をやり終えたいのに、保育園のお迎え時間で仕事をやり残したまま帰る」
「座って水が飲みたいのに、子どもが水をひっくり返した」

など、やりたい、やろうと思っていたことを、達成できない回数が多いのです。

しかし時間や行動を小さな単位に区切って行なっていくと、

小さな達成ポイントが増えます。1つやり切るごとに**達成感が味わえますし、「私にもできる！」という自己効力感にもつながりやすくなります。**

　時間のリバウンド防止だけでなく、達成欲阻害や自己効力感低下の防止策とも、うまく付き合えるようになって一石二鳥なのです。

　では次の章では、もっと引き算がうまくなりたいという方に向けて「引き算の応用編」について触れていきます。

## 3章のまとめ

- ☑ 自分の価値観を見つめ、優先度の低い時間を削ろう
- ☑ 「投資・消費・浪費」「自分の時給」「コントロール権」の3つの「ものさし」で判断しよう
- ☑ Not to doリストを作りその逆を考えよう
- ☑ 一気に引かず、スモールステップで進めよう
- ☑ うまくいかなかったらリセットするか、1つ前のステップに戻ろう

時 間 の 引 き 算

【応用編】

## 人生の優先度を選び直す

　では、時間の引き算の基本ができ、引く時間が見えてきたら、「自分の優先度付け」を明確化するための応用編、さらに深掘りするコツをこの章でご紹介します。

　3章でも十分引き算できます!　という方は、読み飛ばしていただいても問題はありません。

　ただ、時間術の中でも一番難しいのが引き算で、3章でうまくいかなかった、うまくいったと思ったけど、リバウンドしてしまった、もっと引き算上手になりたいという人は、ぜひ参考にしてください。

　なぜ引き算には応用がいるのか?

　それは、引き算のほうが足し算より難易度が高いからです。ここには**「現状維持バイアス」**という人間が持っている心理的要因があります。**「変化を取り入れるより、現状を維持したい」**という習性です。

　つまり「現状がより悪くなるかもしれない可能性があるなら、行動（引き算）しないほうがマシだ」と考えてしまうのです。ここに引き算の難しさがあります。

　足し算は増やしていくだけなので、欲しいものを入れるほうがワクワクするし、楽しい作業です。みなさんも、モノを減

らすよりも、モノを購入するほうが簡単ですよね。

　実際、世の中には、モノを購入するのに悩む人より、減らせなくて困っている人がたくさんいます。自分で選んだモノを減らす作業は痛みを伴います。「捨ててしまって困ったことが起きたらどうしよう、いつか使うかもしれない……」といった思いと同時に、「そのモノを選んだ過去の自分」を否定する気分になるからです。

　時間も同じで、「引き算」をしていくと「自分の時間の使い方がダメだ」と辛くなってくるという方がいます。

　しかし、時間の「引き算」とは、**過去の自分を否定するものではなく、「人生の優先度付け」を選び直しただけ**です。

　この章では、その選び直しの際に役立つテクニックを含めて、引き算をより深めるための方法についてご紹介します。

## 引き算の応用テクニック

　引き算の応用テクニックは、実は裏を返せば「時間の足し算」に関係する項目が多くあります。

　Not to doリストのところでも話しましたが、「やらないことを決める、やめる」ほど、「やりたいこと」「人生に必要だと思っていること」が明確になっていくからです。

　自分のやりたいことが全然わからない人ほど、「やりたくないこと」をどんどん掘り下げる必要があります。この裏返しが「自分のやりたいこと」なのかもしれないと気づくきっかけになります。

　**必ず「時間の足し算をやる前に引き算をやる」。**

　そして、やりたいことがわからない、次章の足し算ができるのかと不安に感じている人ほど、この引き算の応用テクニックまでやってみてください。

応用テクニック1 「思い込み」を見つける

　人間は「思考の癖」を持っています。私たちは生まれてきた時から、自身の生育環境や学校教育、身近な大人である親の影響を受けて育ち、自分にとっての「当たり前」を身にまとっていきます。

時間の引き算をしていくと、**「他人の価値観」**（他人軸）に基づいて**「この時間は引き算ができない」と思い込んでいる項目が浮かび上がって**きます。この時間に気づけるか気づけないかは引き算を深める上で重要です。この「思い込みロック」を外していきましょう。

　私が、「時間の使い方」についてご相談を受けた中で、**「時間が引けない＝〇〇しないといけない」と思い込んでいる人**には、次の事例がよく当てはまります。

- 部下の話は全部聞かないといけない
- 業務に関することは断ってはいけない
- 家族の外出は家族全員で行かないといけない
- 義理実家には、盆暮れ正月は行かないといけない
- 子どものために習い事や友達付き合いはしないといけない
- 子どもの世話は大人がやらないといけない

　こういった「思い込み」は誰にもあると思いますが、ここに時間を引き算する取っ掛かりが隠れています。

## 管理職時代の思い込みロック

　私は初めて管理職になった時（出産前）、時間の使い方が信じられないくらい下手でした。部下に求められたらすぐに対応しなければいけない、部下の話は全て公平に聞かなければいけないなどと、思い込んでいました。
　結果的にプライベートの時間でも、部下からの電話やメー

ルには24時間対応していましたし、全員に同じような対応をしていたので、時間がいくらあっても業務が終わらず、自分の仕事も進みませんでした。

　また部下にとっても、**24時間いつでも対応してくれる上司の存在は、成長を妨げる**ものでもあります。困ったことがあれば、上司がどうにかしてくれる、疑問や不安も聞いたら上司が教えてくれる……こんな便利な上司がいると、緊張感もモチベーションも薄れてしまいます。
　そして、**部下が成長しないことは、回り回って今後も自分の時間が取られる**ことにつながります。

　私が管理職として、時間をすり減らしている上に、部下の育成ができていないのは、自分が「上司になったらこうしなければいけない」という思い込みが多いからだと反省しました。

　そこで2回目の管理職（育休明け復帰後）では、**部下に求められたらすぐに対応するべき、全員に公平に接するべきという思い込みを捨てました**。24時間対応をやめたのです。

　まずは、仕事以外の時間は、基本的に電話やメールに対応しない（緊急の場合は除く）ことにしました。相談も「とりあえずどうしましょう?」という極めて漠然としたものは受けつけないことにして、「相談内容、現状の課題、どうしたいのか」を決めてもらってから、面談時間を設けて話すようにしました。

図16 | 3人1組の体制

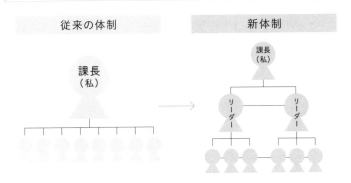

従来の体制

新体制

課長
（私）

課長
（私）

リーダー

リーダー

できるだけ横の関係で対応してもらい、緊急事態やどうしてもわからないことのみ、リーダーに相談、リーダーでも判断がつかないもののみ、課長である私に上げてもらう体制を作りました。

　他にも、自分1人で対応するのではなく、次の管理職候補の育成も兼ねて、**3人1組のチーム制を導入**しました（図16）。

　「管理職と部下」という2方向のチーム形態ではなく、私の他に1人のリーダーを立てました。私とリーダーとメンバーというチーム編成にすることで、縦横の情報共有や仕事上のやり取りをスムーズにできるようにしたのです。

　部下によって私が使う時間に濃淡が出ますが、このほうが部下の「当事者」意識が高まり、横のつながりを意識してフォローし合うケースも増えていきました。結果的に「上司なんだからこれくらいしなきゃ……の思い込み」を捨てて、私が使う時間を減らしたのです。

すると、自分の時間が確保できた上、リーダー担当だった私の部下は、自然とリーダーシップが育成されてその後本社に引き抜かれるまでに成長しました。また、社内でチーム表彰を受けるなど、全てがうまく回るようになりました。

　たまたまでしょう？　と思われるかもしれませんが、このような結果が出るまでに「使った時間」は、1回目の管理職の時より劇的に減りました。業績はもちろん、私や部下に対する評価も1回目の管理職の時と比べていい結果が出ています。

　たまたまかもしれませんが、私の中にある**上司はこうあるべきだという「思い込みロック」を外したこと**が、大きな要因だったと言えます。

## 子育ての思い込みロック

　**「思い込みロック」は、「紙に書く」「人に話す」というように、1度頭の中から外に出すと見つかります。**

　24時間のタイムログで、見える化した紙を再度見てください。引き算の候補には入れていない「引けないと思っている時間」の中に「思い込み」は隠れていないでしょうか（図17）。

　プライベートで、私が「思い込みロック」だったなと思うものは、「子どもの世話は大人がやらないといけない」という考えです。
　赤ちゃんの頃から、ずっと子どもを育てていると、いつまで

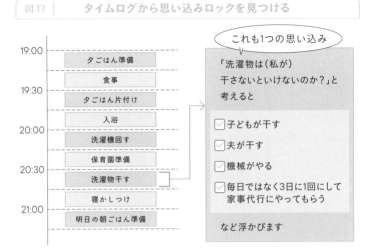

図17 | タイムログから思い込みロックを見つける

これも1つの思い込み

|  | | |
|---|---|---|
| 19:00 | 夕ごはん準備 | 「洗濯物は（私が）干さないといけないのか？」と考えると |
| | 食事 | |
| 19:30 | 夕ごはん片付け | ☑ 子どもが干す |
| | 入浴 | ☑ 夫が干す |
| 20:00 | 洗濯機回す | ☑ 機械がやる |
| | 保育園準備 | ☑ 毎日ではなく3日に1回にして家事代行にやってもらう |
| 20:30 | 洗濯物干す | |
| | 寝かしつけ | など浮かびます |
| 21:00 | 明日の朝ごはん準備 | |

とにかく色々なことを疑って見て、それを横に書いていくと意外な発見があります。

も小さくて弱い生き物のような気持ちで接してしまいます。

　しかし、息子の送迎時に保育園の棚や収納の作り方を見て、あることにハッとしました。**その保育園の棚は、子どもたちが自分で片付けられるように、子ども目線に組み替えられていたのです。**

　おもちゃの収納、タオル置き場、パジャマの着替え場、歯磨きセットの収納……これら全て、先生がやるのではなく「子どもたちが自ら」できるような仕組みが作ってあるのです。

　「そうか3歳でも自分でできるようにしてやればいいのか」と、私は「大人がやるべきお世話」の思い込みを捨てました。

　これを参考にして、例えば我が家は、下駄箱の一部を保

図 18 | 子ども目線に工夫した下駄箱

1番上の段は、大人のスペースで、母子手帳や印鑑、鍵、公園散歩用鞄（オムツ、日焼け止め、ビニール）など、すぐに玄関で必要なものがワンアクションで取れるようにしています。

下から2段目が兄のスペース。左側の空きが保育園のリュックや帽子を置く場所。透明のボックスにはハンカチや靴下が入っています（ミニほうきとちりとりもあるので、汚したら自分で掃きます）。

1番下の段が弟のスペース。兄とほぼ同じですが、弟はまだ月齢が小さく、タオルや洋服の替えなど持参品が違うので、緑のバックにそれらを入れています（オムツが取れてからは荷物も減りました）。

育園グッズの置き場にしています（図18）。

　保育園で必要なもの、ハンカチや帽子、タオルを全て置いています。子どもの目線で管理できる場所に置いておけば、子どもが翌日の保育園準備をしてくれるからです。入れ替えをしたら、そのまま汚れものを持って洗面所へ行き、洗たくカゴに入れ、手を洗うのが我が家の帰宅後の儀式です。

　帰宅後すぐにそこで保育園のカバンを入れて荷物の入れ替えをすれば、私がやらなくても子どもが自らやるようになります。

　もちろん親が棚への洗たく物の補充やお布団など大物は用意しますが、このように保育園に持っていく荷物の入れ替

えだけでも子どもが自らやってくれれば毎日の時間短縮になります。

また飲み物類もウォーターサーバーを導入して、子どもたちが手の届く場所に設置しました。専用のコップを横に置いて、自分で飲めるようにしたのです。

長い目で見た時に毎日何回も飲み物を入れるという作業を子ども自らがやるようになれば、時間の引き算になります。子どもの自立にもつながります。

仕事とプライベートで2例挙げましたが、皆さんも「思い込みロック」時間を見つけると、引き算がよりしやすくなるので見つけてみてください。

### 応用テクニック2 重要でない緊急なことほど「引き算」の仕組みを作る

引き算の応用で外せないのは**「緊急かつ重要でないことに使う時間」**を引く方法です。

『7つの習慣』（キングベアー出版）という本があります。その中の「第三の習慣」には「重要事項を優先する」と記されており、「人生の時間の使い方」として有名な「重要・緊急」という4象限のマトリクスが書かれています。

人生は緊急なことに押し流されて、重要でないことに時間を使ってしまいがちだが、本当は「緊急でない重要なこと」

図 19 | 重要性と緊急性の4象限の表

|  | 重要でない | 重要である |
|---|---|---|
| 緊急でない | ✕<br><br>暇つぶし<br>TV をダラダラ見る<br>会いたくない人に会う<br>目的のない行動など<br>▼<br>やめるべき | ○<br><br>健康作り<br>家族と過ごす時間<br>自主的な<br>キャリア形成など<br>▼<br>人生において大事 |
| 緊急である | 退社間際の来客<br>上司からの<br>急な書類作成依頼など<br>子どもの発熱対応<br>▼<br>ここは引き算<br>（＝仕組み作り）<br>しておくべき時間 | 取引先とのトラブル<br>本人の急病<br>災害や事故<br><br>▼<br>考えるまでもなく<br>すぐに対応が必要 |

4象限のマトリックスの中で、「重要でないが緊急である」を見つけましょう。

に時間やリソースを使うべきだという話が書かれています。

　有名な話ですので、生活の中で意識している方も多くいるのではないでしょうか。

　実は、引き算の仕組み化をする時にも、この4象限の表から重要なポイントが読み取れます（図19）。

　時間の使い方において、**引き算をする時に意識しておかなければいけないのは、「重要でないが緊急である」時間**です。この時間は、しばしばタイムログに登場しますし、「引けない」と思っている代表的な時間の1つでもあります。

　引き算をする時には、この**「緊急である」をいかにコントロールするかが重要**です。

　なぜ右下の「重要であり緊急であること」にはフォーカスしないかというと、重要で緊急なことというのはほとんど起こらないからです。職場が火事になる、取引先の案件が自分のミスで飛んでしまう、子どもが救急車で運ばれるなど、重要かつ緊急なことは、1年のうちに何度も起こることではありません。コントロールしようがないので置いておきます。

　ただし、「緊急であるが、さほど重要でないこと」は日常的に起こります。

- 上司に急な書類作成を頼まれる
- 子どもの発熱で呼び出しを受ける

・帰りがけに取引先が訪ねてくる

　挙げればキリがありません。みなさんはこんな時にどう対応しているでしょうか。

　こういった、**人生を左右するほどの重要さはないけれど、それなりに緊急性があり、解決にもそれなりの時間がかかるものこそ、「引き算」の仕組みを作っておく**のです。

　先に出した「緊急であるがさほど重要でないこと」を例に考えてみます。

「緊急であるがさほど重要でないこと」の引き算例 ────
- ☑ 上司に急な書類を頼まれる
  - ▶ 日頃からのコミュニケーションで、午後３時以降に頼まれた書類は今日中に出せない可能性があると伝えておく。

- ☑ 子どもの発熱で呼び出しを受ける
  - ▶ 保育園からのお迎えに対応できる人（自分、夫、ベビーシッターなど）を確認しておく（夫婦が交互にいくのか、ベビーシッターの急な依頼はどうするかなどシミュレーションしておく）、病児保育の登録先を複数持っておく（病院数カ所、病児シッターなど）、自分が仕事に穴をあける時は、必要な書類仕事を上司はじめ、チームメンバーがすぐにわかる場所に保管しておく（日頃から積極的なスケジュール開示やクラウド保存など）。

☑ 帰りがけに取引先が訪ねてくる

▶ アポがない場合は会社にいないことが多いと取引先に事前に告げておく。あらかじめ、現在行っている仕事の進捗を細かく情報開示、および上司に報告しておく。もし何かあったらと上司に対応依頼をしておく。

これらは当たり前のようですが、引き算を深めようと思った時には、なおのこと意識して誰が何をどうするのかをシミュレーションしておかなければいけません。

特に、自分1人で解決できない（会社を抜けるなど）子どもの病院のお迎え対応や、取引先の訪問などの対応こそ、事前に「こうなったらこうする」という対応策を持っておくことが重要です。

私自身も職場で「緊急の案件」に翻弄されたことが何度もありますが、その場しのぎで対応していると、全ての予定が後ろ倒しになってしまって、結果的に多くの時間を使います。

**「緊急であるが重要でないこと」は、事前準備しておけば、時間を奪われる可能性が最小限で済みます**。「こういった事案が起きた時の備え」をいくつかのパターンで持っておけば、引き算がよりうまくなります。

応用テクニック**3** **時間を「アクション化」して捉える**

引き算をさらに深めるコツとして、使っている時間を「状態」ではなく、「アクション」として捉えることが重要です（図20）。

引きたい時間を、ざっくりとした状態として捉えるのではなく、その時間の中身を**具体的な行動に分解して捉えた上で、引き算を行う**のです。例えば次のようなことです。

　× ソファーでのんびり30分過ごす
　○ ソファーに座り、お気に入りのコーヒーを青いマグカップ
　　にいれ、〇〇というドラマを30分見る

　×のように、時間をざっくりとした「まとまり」ではなく、それぞれの「アクション」として捉えてください。

　「ソファーでのんびり30分過ごす」というのは、人によって定義が違います。ソファーに座るのか、寝そべるのか、人によっては頭をソファーに預けて床に座る人もいます。
　ダラダラも、お酒を飲むかのかアイスを食べるのか、それともテレビを見るのか、スマホを見るのか様々ですよね。
　ざっくりしたまとまりで捉えてしまうと、「30分ソファーに座らないで違うことをすればいい」といった、**極めて抽象度の高い「引き算」になりがち**です。
　実はこれ、引き算を継続する時の妨げになります。

　例えば、「ソファーでのんびり30分過ごす時間」は、本当は「スマホでSNSを見る時間」だったとします。
　そうすると、「ソファーでのんびり30分」を引き算しても、SNSを見る場所が変わるだけで、本当の意味での引き算になりません。

図20 ｜ 時間をアクションとして捉える

**ソファーでダラダラ30分**

☑ 食後
☑ ソファーに座る
☑ クッションに足をのせる
☑ スマホを手に取る
☑ SNSを見る

これが
引き算したい時間！
↑

何度もしつこいですが、引き算したい時間ほど、アクション化も書き起こします。細かく
分解して、本当に引き算したい時間を見つけ出します。

　「ソファーでのんびり30分過ごす時間」の中には、いった
い「どんなアクション」が含まれているのかまで細かく把握し
ておくと、本当に引き算したい行動、時間が見えてくるのです。
　「食後にソファーに腰を掛けて、クッションに足を乗せて、
スマホを取り出し、コーヒーを飲みながらスマホを開いてインス
タを見る時間」というふうに分解します。

　ここまで解像度を上げて把握できれば、「ソファーでのんび
り30分過ごす時間」が悪いのではなく、この中の「インスタ
をだらだら見ている時間を減らしたい」など、本当に引きた
い項目が見えてきます。
　そして、この「インスタを見る時間」を「読書の時間」に変
えたとします。それなら別にソファーに座っていてもいいので

す。

　時間の中の「アクション」をより明確化しておけば、引き算が上手になりますし、引き算を継続しやすくもなります。

　例えば私は、「毎朝の支度時間」の中でアクション化を行い、その中の「ストッキングを穿く時間」を引き算したいと思っていました。ストッキングは、穿くのも意外と時間がかかるし、伝線すると穿き替えが必要だったり、忙しい朝の時間にイライラポイントが多かったからです。

　ストッキングを穿く時間は、たった2〜3分です。でも「毎朝の支度時間」をアクション化してみて、この「動作」に私のアンテナが立ったので、しばらく理由を考えてみました。
　すると、私は「ストッキングを穿く時間」を引き算することによって、職場で足が冷える時間、ヒールを履くために足がむくむ時間、冬でもハイヒールを履く時間、ストッキングを穿くことからはじまる、これらの時間を減らしたいんだなとわかりました。**アクション化したことで結果的に、他の時間の引き算項目も見えてきた**のです。

　動作に注目して「引き算したい時間」に目を向けると、**たった数分の「引き算」でも不快なことに対して使っている時間が連鎖的に減っていきます**。うまくいくと、これも大きな引き算になります。
　もっと言えば「アクション」を分けていくと、自分が嫌なことに敏感になります。すると「なんとなく使っている時間」を

できるだけ減らして、**嫌なことより自分が快適なことに時間を使おうと意識が働く**ようになります。

　アクション化したことで、時間の使い方の解像度が上がると、他のイライラポイントの削減にもつながる。自分の嫌なことや苦手なこと、やりたくないことをやめるのは、裏を返せば、自分にとって幸せな時間が増えていくということです。

　引き算のコツとしてお話ししていますが、実は「人生の生き方」においても重要なコツです。足し算の項目を見つけやすくなるので、ぜひ「アクション化」の手法で、引き算を深めてみてください。

応用テクニック **4**　**リスクを取る**

　引き算を急速に進めたいなら、**「リスク」を取って引く**という方法もあります。

　私が時間を作ろうと思った時は、**24時間のうち一番長く時間を使っていた「仕事」の時間の「引き算」から**はじめました。しかし、いきなり大きいところから手を付けると「見える化→引き算までの時間」がかかるし、時間のリバウンドを起こす可能性があるため、本当ならおすすめしません。
　ただ、これを読んでいる方の多くが、仕事量の多さや時間の長さに悩まされていると思うので 、少し「リスク」はあるけれど、「引き算が急速に進む」方法として紹介します。

「急速に引き算」をするために何をすべきか？　私の答えはシンプルで、**「やったらいいことは全部やめる」**と決め、時間を増やしていったのです。

　私の場合、仕事においては8割くらいまでの完成度であれば、だいたい業務時間内に到達します。ではどこから、業務時間を圧迫していくかと考えたら、**完成度を80%から100%へ持って行く作業**の部分です。

　そして、その作業の中には、「やったらいいこと」が多いのです。補足のデータを入れておこう、パワーポイントの見栄えをよくしよう、想定質問集をつけてあげよう……など皆さんも「あるある、それが優秀さの証だったりするからやめられないんだよね」と思ったのではないでしょうか。私はこのような**「やったらいいこと」を無視して、100%に仕上げる仕事を全部やめました。**

　お金と違って時間は有限です。24時間しかない中で「やったらいいことを100%」やっている時間は私たちにはないのです。

　もちろんリスクはあります。**「細かいデータが不足している」「質が落ちている」と信頼を失うリスク**です。

　このリスクを承知していたため、私はまず社内向けのものから、完成度80%で出していくことにチャレンジしました。社内向けなら、会社の損失は大きくないし、取るリスクも大きく

ないからです。**80％で出してみて、改善を求められたら対応するというほうが、「自分の時間」というリターンを得られる確率が高い**と判断して取り組んでみました。

　結果的には、この仮説は当たり、意外と「誰にも何も言われないな、今まで求められる以上を出そうと時間を使っていたのかもしれないな」と仕事に取り組む姿勢を変えました。

完成度8割作戦の例
- 書類関係は、8割の完成度で上司に見せてしまう
- 1時間ごとの業務内容タイムログをつけて、優先度順に並び替えて低いもの2項目は止めてみる
- 持ち帰った残業内容を毎日記録して、1週間分の記録から「やったらいいこと」と思うものは消して、持ち帰らないようにする

　これはあくまで1例です。皆さんの仕事内容では厳しいものもあると思います。でも、どこかには「やったらいいこと」を「無意識」にやっている時間があるはずです。急速に「引き算」する必要があるなら、それを見つけ、取れる範囲でリスクを取って「引き算」してみましょう。

　多くの物事は**「何かを手に入れようと思ったら、何かを差し出さなければ」**いけません。コンフォートゾーンを全く出ずに、変化をしていくにはとても時間がかかります。
　すぐに引き算をしないと「時間がなさすぎて死んでしまいそう。もう会社を辞めようかと思っている」なんて人は、ぜひ

リスクを取って、少し多めの「リターン＝時間」を得るための「引き算」にもチャレンジしてみてください。

　ここまでが、引き算のテクニックになります。引き算は「減らす＆やめる」「選び直す」作業なので、大変な人も多いと思います。
　次はいよいよ「足し算」です。

　時間の使い方は「人生の生き方」である。一緒に足し算をしていきましょう。

## 第4章まとめ

- ☑ 「引き算」とは「人生の優先度付け」の選び直しである
- ☑ 「やらなければいけない」の思い込みを捨てよう
- ☑ 「緊急かつ重要でないことに使う時間」は仕組み化しよう
- ☑ 時間を具体的な「アクション」として捉えよう
- ☑ 「やったらいいこと」を全部やめよう

## 第 5 章

人生を豊かにする
時間の「足し算」

## 足し算は「人生の点打ち」である

「引き算」は「人生の優先度付け」だと記しましたが、**「足し算」は「人生の選び方」**であり、引き算してできた時間に「理想の1日」を過ごすために必要な「点」を打っていく作業です。

点打ちとは、**自分の価値観に基づいて大事なものを取り入れていくことです**。「今」の積み重ねが人生を作っていくなら、本当に大事なことを選んで取り入れていきたいですよね。

ただ、あなたの人生にとって大事なものや時間は何かと聞かれて、即答できる人はとても少ないと思います。

私も7年前に**「大事なものは何ですか？　どんな人生を送りたいですか？」**と聞かれて、うまく答えられませんでした。

現在は「だいたいの方向性」は答えられます。私の大事なものは、「家族、思考力、知的好奇心、健康」です。

また、「周りに30人程度のゆるいつながりを持ちながら、その時々で興味のあることを学び、健康的な思考力と体力があり、収入の不安がなく、快適に過ごせる人生」です。

日々、自分も環境もアップデートしているので、今の自分にとってはこれが最適と思っていても、来年には変わっている可能性だってもちろんあります。

ただ、**自分が向かいたい方向くらいは、わかっていることが大事**です。

「自分がどうなりたいか」と具体的にわからなくても、ある程度の方向性を決め、それに向かって大事な時間を使っていくことが「時間の足し算」です。

　「はっきりした未来」が浮かばなくても「こんな風になりたいな、こうありたいな」と決めておくのです。

　これらが**「足し算力」、「人生の点打ち」**です。

　この「点打ち」のエピソードで有名なのが、Apple の創始者スティーブ・ジョブズが 2005 年のスタンフォード大学の卒業式で送った祝辞内にある「コネクティングドット」のエピソードです。
　ジョブズは、**「将来を予想して、人生の点と点をつなぎ合わせることはできないが、後からつなぎ合わせることはできる」**と語りました。大学時代にパソコンとは全然関係のないカリグラフィーの勉強をしていたことが、Mac 特有のフォント誕生につながったと、ジョブズは言っています。

　つまり、たとえすぐに効果がなくても、今やっていることがいつか未来でつながると信じること、また、未来でどうつなぎ合わせるかチャレンジすることが大事だという話です。

　繰り返しですが、「時間の足し算」は人生の「点打ち」です。**私たちの毎日の行動やそれに使った時間は、人生という長い道に1つずつ点を打っているのと同じです。**
　その点は、いつか線になるかもしれないし、ならないかも

しれない。しかし、**点を打たない限りは線になることは絶対にない**のです。

　もちろん、ジョブズのように意図的に点をつなぎ合わせることができて、あそこまでの偉業を成し遂げようと言っているわけではありません。**現在の自分が「大事にしたいもの」「満足がいくもの」に時間を使って点を打っておけば、それがいつか将来の自分にとって「必要な線」になってくれる**はずです。

　私は、大学時代に心理学を勉強していましたが、卒業時には、学んできたこととは全然関係のない職種に就きました。民間企業で総合職として働いてみることに興味があったからです。
　この結果だけを見れば、心理学という「点」を「線」にはできていません。しかし、大学卒業から十数年経った現在、大学時代に学んだ心理学は、色々な発信をしたり、子育てする中で大いに役に立っています。

　他にも、趣味でやっていた読書やヨガ、ワーキングマザーとして職場で感じていた悩みから知恵を絞って出した解決策、ライフハックなど、ただ懸命に「その瞬間」やってきた「点」がいつしか「線」になり、私の人生を助けてくれています。

## 足し算をするには、現実と理想のギャップが大事

早速、足したい時間を言語化していきましょう。

まずは**「理想の24時間の過ごし方」**を書いてみます。条件は次の3つです。

1 できない理由は無視する
2 24時間好きに使ってOKという前提で考える
3 誰にも見せない

理想の24時間を書いたあとに、現実とのギャップを書き込んでいき、最後にそのギャップを埋めるためには何が必要か、とにかく気づいたことを書いていきます（図21）。

こうして順を追って図にして書き込んでいくと、「私には家で過ごす時間が重要なんだな」とか「読書とかヨガとか1人の時間が大切」など、今までぼんやりとしか思っていなかった自分の理想の時間が明確な言葉になっていきます。

すると、**「その理想の時間を手に入れるためには何が必要か」**を考え、**「現在の生活や時間の使い方」**との**「ギャップ」**にも目が向くようになり、どうやったら理想に近づけるのかという気づきが生まれてきます。この気づきが「足し算」すべき行動を明確に示してくれます。

図 21 | 　　　　　　　　理想の24時間

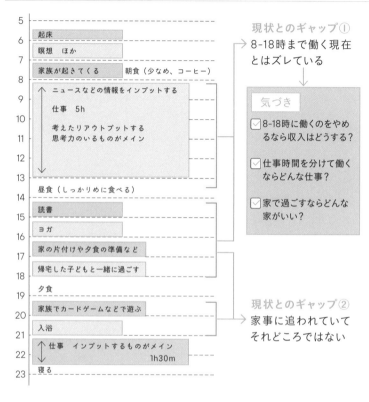

**私の理想時間**

- 家にいることが好き
- 人と会うより1人で作業をするほうが好き（読書やヨガなど）
- 夜は家族と食事をしてのんびりしたい
- 理想の睡眠時間は7時間
- 毎日ヨガと読書をしたい
- 仕事は長時間継続して働くのではなく、分断して行いたい

## 現在の労働時間が、理想の1日と合っていない

- 長時間労働（8-18時の勤務形態）のため、夕方の在宅は厳しい
- 家にいる時間が短いので、家族とのんびりするのは難しい

### 気づき

- 長時間拘束されるような、労働資本型の仕事以外を考える必要がある？
- 家にいて仕事ができるような職種だと、勤務時間を分断して家族と過ごせるのでは？
- いきなり仕事を辞めて収入がなくなると厳しい。毎月必要な最低固定費を計算してみよう
- 会社以外でも収入を得る練習をしてみよう

## 理想のやりたいこと(読書やヨガ)を平日にやる時間がない

- 帰宅後に家事に追われているので、夕方からの時間が特にない
- 自分のやりたいことはあるが（読書やヨガなど）、現実的にはここに時間を使えていない

### 気づき

- 夕方以降に家事に追われているのはなぜだろう
- 睡眠不足（7時間未満）なので趣味より寝るが優先になっている
- 好きなだけ本を買うお金や本を読む時間をどうやって作るか、その仕組みがない
- ヨガは習うだけでなく教えることでも学びになるのでは？　そうすれば、会社員以外の収入にもなるのではないか

私の気づきと対策をまとめると次のようになります。

○ 長時間拘束されるような、労働資本型の仕事以外を考
える必要がある?

▶ 引き算した時間に「労働資本型以外」にどんな仕事がある
か、調べる時間 (読書、ネット検索) を週3回入れてみよう

○ 家にいて仕事ができるような職種だと、勤務時間を分断
して家族と過ごせるのでは?

▶ 家にいてできる仕事を見つけるために、自分のキャリア
を洗い出す時間を作ろう

○ いきなり仕事を辞めて収入がなくなると厳しい。毎月必
要な最低固定費を計算してみよう

▶ 我が家の最低固定費っていくらかな。1度書き出す時間
を取ろう。夫とマネーフォワードなどのアプリを使うか相
談しよう

このように、理想との差を埋める行動が見えてきます。**こ
の行動のための時間こそが「足し算」で入れるべき時間**です。

私は、この理想の24時間とそこから生まれた気づきと対
策を数年前に書いていますが、その時は現状と大きなギャッ
プがありました。しかし現在は、割と理想の時間を過ごせて
います。書いたことによって少しずつギャップを埋める「足し
算の時間」が増えていったからです。

理想の１日を書くと**「目的地の方向性」**が見えてきます。すると目的地に行くための**「手段」**や**「地図」にアンテナが立つ**のです。そこへ向かって、現在の時間の使い方を合わせていく。これが「足し算」です。

　理想の１日なんて書いて意味があるのか、と思われるかもしれませんが、実は大いにあります。理想を言語化するというのは「こうなったらいいと思っている人生」についての予言です。人には**「予言を叶えようと、それに沿った行動を選択していく。予言が的中するように導かれていく」**という特性があり、これを社会学者のロバート・Ｋ・マートンは**「予言の自己成就」**と提唱しています。

## 足し算した時間は「自分の未来への予言になる」

　私はもともと会社員として働くことが好きでした。仕事もおもしろいし待遇も悪くはない。また、子どもがいても仕事を継続できる環境がそれなりに整っていましたので、時間はないけれど、この働き方をずっとしていくと思っていました。

　しかし、理想の1日（人生の目的地）を書いてみて、このままの「時間の使い方」では、私の「理想の人生」に近づくことはないなと気がついてしまいました。

　理想の1日を実現するにはどうすればいいのかを考えると、「1日で長い時間を占める仕事はどんなものがベストか」が浮かび上がってきます。
　私は「労働収入（自分が働かないとお金がもらえない仕組み）」以外にも、「私が寝ていても収入が入る仕組み」も作ろうと考えました。

　そのため、引き算で作った「余白」に何を足すかと考えた時に、まずは「労働収入」以外には、どんな仕組みがあるのかを調べる時間に充てたのです。読書、ネット、知人に話を聞くなど方法は色々とあります。
　それを24時間のうち、**たった30分でもいいから「足し算」時間に充てて、積み上げていきます**。情報を収集したら、自分にできそうなことを選んでみる。少しずつギャップを埋める

べく「足し算」時間に入れていくのです。

　私の場合は色々な情報収集の結果、不動産賃貸業を選び、私自身が時間労働しなくても、収入が得られるような仕組みを作りました。こうすれば「理想の1日」に近づくからです。

　他にも、株や投資信託の勉強をして、お金がお金を増やす仕組みを作りました。

　さらに会社員の収入に頼らない方法で、毎月3万円の本代を捻出するチャレンジの1つにヨガを教えたり、音声配信をしてみたり、「点」を打つ「足し算」をしています。

　結果的に私は現在、当時書いた「理想の1日」を過ごせるようになっています。毎日引き算して作った「自分時間」1時間〜1時間半、ギャップを埋めるべく、小さな「足し算」を続けた結果です。魔法を使ったわけでもなんでもありません。

　もちろん、理想の1日を書いてみたところで、「私には絶対にできない」と思ってしまう人もいるでしょう。

　私も最初に書いた時は「理想と現実は違う」と思い、こんな1日が過ごせるのは老後しかないと思っていました。

　しかし、**いきなり理想の1日にすることは難しくても、理想の1日に近づくような時間の使い方に、現在の時間の使い方を合わせていくことは可能です**。その積み重ねの時間こそが「生き方」なのだと、足し算をしながらぜひ気づいてほしいのです。

　「足し算」時間がやがて、1年、2年と経てば、あなたの人生を、生き方を揺り動かしていくのです。

## 人生について考えていないと 理想の1日は書けない

「理想の1日を書いてみてください」と言うと、必ず「書けなかった」という人がいます。

もしくは「書こうと思っても思いつかない……」と困ってしまう人もいます。

仕事やお金や子ども、そういった枠は全部取り払って、思うように書いてみてくださいと言っても「仕事のことが浮かんで自由に書けない、子どものお世話が……」となって、「書けない」となってしまうのです。

手厳しいようですが、たとえ想像でも**「自分が過ごしたい1日を思い描けない」という人は、普段から「自分の人生」について考えていない**のと一緒です。他人から求められる役割や生き方を演じる人生になってしまっている可能性が大です。

人は、考えていないことを言葉にすることはできません。そして、どんな時間を使いたいかは自分でしか決められません。

「あなたは何がしたいの？　どう生きたいの?」なんて、大人になったら誰も聞いてくれないからです。時間は有限なリソースの1つです。この有限な、そして貴重な「あなたしか持っていない時間」の使い道がわからないというのは、自分

の人生について、考えてこなかったという証拠なのです。

　なんとなく時間があったらいいなと思っているけど、そこに「理想の自分」がいなければ、どういった時間をプラスしていくのかという「足し算」がうまくなることはありません。

　足し算は自分の人生をどうしたいかを真剣に考え、それを実現するための時間を選び取っていく作業です。
　理想の1日が書けなかった人は、ぜひ引き算の応用編に戻ってみてください。

　応用編のテクニックを使って、**やめるものを決めていくと、「やりたくないことの裏返しはやりたいこと」**といった自分の人生において重要な項目が見えてくるはずです。

　誰も聞いてくれないからこそ「自分は何に時間を使うのが嫌で、何をしていると幸せなのか」を、自らに問うてやるのです。すると、段々時間の使い方にアンテナが立つようになり、理想の時間が選べるようになります。

## 足し算のテクニック

　ではここから、足し算のテクニックをいくつかご紹介します。足し算は、引き算と違って**「自分にフィットするまでやり直す」****「継続する」「振り返る」**ことが重要です。

　常にメンテナンスしながら「足していく」コツを摑んでみてください。

### 1 「ギャップ」との差は スモールアクションにして「足す」

　理想の1日を書いたことで、ギャップと気づきが生まれました。この「気づき」が具体的な「足し算項目」になっていきます。

　引き算の応用編で触れましたが「引くもの」だけでなく**「足すもの」もできるだけ「アクション」に言い換えておきます**（図22）。

　「ソファーでゆっくりする」のではなく「リビングのソファに座って、お気に入りの紅茶を入れて、Kindleで本を30分読む」がアクションです。

　「足し算」項目も、このようにスモールアクションに分解していきます。

　例えば水を飲むという行動も、「コップを取る、ペットボトルを出す、キャップを開ける、口から飲む」という細かいアク

図 22 | 足し算のスモールアクション化

ギャップ　気づき　足し算

## スモールアクション化
（引き算した時間に足していく）

● 1ヶ月目にやる
### ヒューマンスキルの分解

1週　他者からほめられること

2週　うれしいと感じたこと

3週　苦手なこと

4週　やりがいを感じること

● 2ヶ月目にやる
### 専門スキルの分解

1週　本業で評価されたこと

2週　資格（持っているもの）

3週　スキル（やってきたこと）

4週　予備日

● 3ヶ月目にやる
### 市場調査

1週　現在の仕事と同じ職

2週　希望の職の年収を調べる

3週　今までの年収の上下を
　　　エージェントで確認する

4週　予備日

労働時間が理想の1日と合っていない

長時間拘束されない仕事は？

キャリアの棚卸しをやる

ギャップ→そこからの気づき→足し算のテーマを導き出したら、アクションを細かく書き出していく。それを1ヶ月、2ヶ月、3ヶ月と分け、1週ごとに自分なりの目標を定めて振り分けていきます。

ションでできています。

　このように、**スモールアクションにしておけば、小さな達成感を味わえる項目がたくさんできます。**

　いきなり大きな変化を味わうことはできませんが、大きな変化は必ずリバウンドします。足し算も細かく分解して、小さな積み重ねを継続していくことが大切です。

　仮に「家計の見直し」時間を足し算項目に上げていても、それは1日では終わりません。

　家計の見直しには、収入、各支出などの把握、固定費を抑えるなら、各項目の費用差を調べる（保険、車、携帯料金、クレジットカード見直しなど）など、時間がかかるからです。

　毎日30分の「足し算」時間では、1ヶ月かかるという人もいるでしょう。そんな時に「家計の見直し」という、ざっくりとした捉え方だと、どこから手をつけていいのか、どこがゴールなのか、わからなくなってしまいます。

　しかし、スモールアクションにしておけば「今週は30分×5日（平日）あるから、まずは各支出を洗い出そう。月曜日は生活費、火曜日は固定費、水曜日は子どもにかかるお金、木曜日は帰省などの臨時費用、金曜日は娯楽費かな」と「足し算項目」が細かく設定できます。

　すると、**毎日「これができた！」という達成感が生まれ、積み重なることで自己効力感**（私ならできると自分を信じる力）**にもなる**のです（p85参照）。

1 修正して継続しやすい
2 アクション全体を見直せる

もう1つ、このスモールアクション化には、
①つまずきがあれば直ちに修正できる
②アクションを見直して、そもそも論に戻ることができる
というメリットがあります。

　理想の1日の中に「健康に過ごすための運動時間」が含まれていたとします。そこであなたは、会社まで毎日ウォーキングで行こうと決意しました。

　しかし、2週間もすると、歩いて会社に行くのが辛くなってきます。
　「会社に行くだけで疲れてしまって……やっぱり私はダメだなあ。でも自分で決めたことだし、もう少し継続したら体力もつくかな」
　なんて思ったりして、なんとか継続していましたが、ある朝、雨が降り、その日のウォーキングをやめてしまいます。
　それからは、言うまでもありませんね。あなたは毎朝ウォーキングなんてしなくなります。

　これでは、「自分で決めたのに続けられなかった」と自己肯定感も下がりますし、「健康」という目的が達成できなかったことによって、自己効力感も下がってしまいます。

大切なのは、**そうなる前に①つまずいたら直ちに修正する**のです。

「会社に行くだけで疲れてしまうから、体力がつくまで1駅は電車に乗ろう」「まずはウォーキングではなく、駅も会社も全て階段を使ってみよう」と、できることからやっていくように修正していくのです。

**さらに②場合によってはアクション全体を見直して、「もともとの理想の1日」を考え直す**ことも大切です。

そもそも、自分の理想は「健康に過ごすための運動」であって、「ウォーキングをする」はそのための手段に過ぎません。健康的に過ごせるのであれば、ウォーキングではなく、ピラティスやランニング、水泳など、さらに言えば、食事を変える、睡眠を充分取るでもいいのです。

「ウォーキング時間を足し算しているけど、健康という観点で見れば睡眠不足があるから、ウォーキング時間を睡眠に充てる生活を1ヶ月やってみようかな」と変更もできます。変更は「自分の」選択なので、自己効力感を下げることなく、足し算時間を継続できます。

## 2 足し算の質を上げる「ルーチン作業は自動化」

第4章でも触れましたが、足し算時間を「思考力、体力」を使って、有意義に過ごすためには、**ルーチン時間の中で「毎日やる必要があるものはできるだけ自動化」**しておくのがポイ

ントになります。ここでは、まずルーチン時間を見ていきます。

　例えば、日用品の買い物が楽しみで仕方ない！　という人以外は、**「日用品の買い物にそもそも行かない」という自動化の仕組みを作る**こともできます。

　全てネットスーパーや宅配にする。さらに言えば、頼む時間すら自動化したいなら、全て定期配達登録をしてしまえばいいのです（私は、生協の「いつもくん」というサービスを使って、常備野菜、お肉類、牛乳、お米、納豆などを毎週、頼まなくても来るようにしています）。

　他にも、1ヶ月ごとに補充が必要な、シャンプーや洗剤、オムツなどはAmazonの定期便を設定し、頼まなくても届くようにしておくのも「自動化」です。

　**「あれ買わなきゃ」とメモしたり、記憶しておくための脳内メモリの節約**です。

　掃除も、ロボット掃除機を使うなら、床にモノを置かないように模様替えをしてしまう、片付けが大変なら、家にあるモノの量を減らす（効果的なのは洋服と靴）。こうやっておけば、「貴重な足し算」時間にそなえて、思考力や体力が温存できます。

　私は、育休中に片付けの資格（ライフオーガナイザー®1級、整理収納アドバイザー3級）を取得しています。なんでわざわざ時間を使って、理想の1日には関係ない片付けを学んだかといえば、片付けには大きなエネルギーが必要だからです。

特に子持ち家庭の場合は、子どもたちの分の片付けまで行います。このルーチン時間が、他の時間を圧迫していくのです。

　さらに私は、片付けをすると、その後に自分時間ができても、疲れていて何もする気にならないという状態にたびたびなっていました。
　そこで、自ら片付けの仕組みを作り維持する、仕組みの修正も自分でできるように勉強したのです。
　効果は抜群で、ルーチン時間を省エネで過ごし、「足し算」時間まで「思考力、体力」を温存できるようになりました。

　私のように必要に駆られないとここまではやらないと思いますが、もし「足し算時間」の質を高めたいと思うなら、ルーチン作業を自動化してみることをおすすめします。

## 3 足し算の「タスクリスト」を作っておく

　現在の私は、時間が5分あればスマホ用アプリのKindleで読書、10分ならメール返信やSNS返信、15分なら調べものか音声入力でメモ、30分ならnoteやブログの下書きなど、**ちょっと時間が空いた時に行う「足し算タスク」を決めています**。少しでも時間があったら「5分ならこれ、10分ならこれ」と選んでやっています。

　例えば、家計の見直しをしている時期なら、お金関係の書籍を読みたい、証券口座に問い合わせしたいなど、足し算

図 23 | 足し算のタスクリスト

☑ 5分なら
　スマホKindle 読みかけの本を読む

☑ 10分なら
　メールの返信（下書きまででもOK）

☑ 15分なら
　調べものか今気になっていることを音声入力

☑ 30分なら
　noteやブログの下書き（音声入力）

5、10、15〜30分と空いた時間でできるタスクをリスト化しておきます。これを手帳に貼ったり、スクショしてスマホの待ち受け画面にしておきます。

項目が具体的であればあるほど、足し算に関連したタスクが出てきます。

　駅で電車を待つ、子どもの送迎待ちなど、せっかく少し時間ができたとしても、そこから「何をやろうかな」と考えていると、あっという間に時間は過ぎてしまいます。**何をするか？と考える時間がもったいないので、あらかじめ空いた時間に応じて、「足し算のタスクリスト」を決めておく**のです（図23）。

　ちなみに、これはスキマ時間を潰すためのリストではありません。この**数分〜数十分の積み重ねが未来につながる時間**です。スキマ時間を使っていますが、連続性のある足し算時間の1つです。人間好きなことをやっている時は、限られ

た時間内でも「満足度の高い濃い時間」が過ごせます。この5分、10分でも「足し算」をしたという積み重ねが点打ちになっていくのです。

## 4 定期的にメンテナンスする

　足し算の質を上げるためには「振り返り」を時々して、メンテナンスしましょう。

　メンテナンスと言っても大げさなものではありません。要は**「足し算項目」はちゃんと、理想とのギャップを埋める項目になっているか？　と自分に問いかける**だけです。
　タイミングは3つです。

メンテナンスのタイミング ──────────
1 定期的にする（1ヶ月に1度など）
2 うまくいかない時にする（足し算時間を使う意欲が湧かない時など）
3 1つの足し算項目が落ち着いた時にする（資格取得など目標を持って足し算時間を使い、それが一段落した時など）

　これらをあらかじめ決めておくと、必ず見直しのタイミングが訪れるのでおすすめです。

　ではどうやって見直しするか？　私が使用している方法は**KPT法**と呼ばれるものです。
　これは取り組んでいる仕事や活動を改善するための振り返

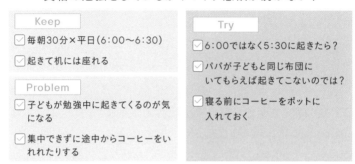

**図24** | KPT法を使った足し算項目のメンテナンス

資格の勉強をしているがイマイチ意欲が湧かない！

**Keep**
- ☑ 毎朝30分×平日（6:00〜6:30）
- ☑ 起きて机には座れる

**Problem**
- ☑ 子どもが勉強中に起きてくるのが気になる
- ☑ 集中できずに途中からコーヒーをいれたりする

**Try**
- ☑ 6:00ではなく5:30に起きたら？
- ☑ パパが子どもと同じ布団にいてもらえば起きてこないのでは？
- ☑ 寝る前にコーヒーをポットに入れておく

自ら設定したタイミングが訪れたら、自分の足し算のテーマを1つ挙げて、それをKPT法に分解して言葉にして振り返ってみましょう。できていること、できていないこと、またそれらの原因が見える化されます。

り方法の1つで、とてもシンプルです。

　**KPTとは「Keep（このまま継続すること）」「Problem（課題）」「Try（解決策）」**のことで、足し算項目をこれに分けて見直します（図24）。

　この「メンテナンス」が大事です。足し算時間も有限なので、定期的に「これはどうやったらうまくいくか？」「もしかしたらやめたほうがいいのでは？」と考えておかないと、手段と目的が入れ替わる可能性があるからです。

　「足し算項目」をやり切るのが目標ではなく、「理想の1日」に近づくのが目標であり、その点打ちをつなげて理想の生き方をするのが人生の目的です。

## 足し算の好循環サイクルは
## 1人では回せない

　足し算に慣れてくると、自分のために使える時間がどんどん濃密になっていきます。

　少しずつ足し算項目の選別もうまくいくようになり、達成するものも増えてきて、毎日の充実度も以前より増して感じられるようになっていくでしょう。

　叶わないと思っていたことが、「足し算時間」のおかげで叶うようになってきているかもしれません。

　そんな**「足し算の好循環」**が回りはじめたら、頭に入れておきたい大事なことを最後にお伝えします。

　**「早く行きたければ1人で行け、遠くまで行きたければみんなで行け」**というアフリカのことわざを知っていますか?

　人は人と助け合ったりつながったりすることによって、「自分では到達できない世界」「理想の先の世界」を見ることができる可能性が高くなります。**自分の枠を超えて遠くに行きたいなら、人と協力し合って行け**ということです。

　私はずっと「人に頼ったり甘えることは、相手に迷惑をかける、悪い」と思っていました。そのため、24時間のやりくりも「自分」だけでどうにかしなければいけないと考えていました。

しかし「足し算時間」を積み重ねていくうちに、1人の力では「変化のスピードが遅い、知恵が足りない、余計に時間がかかる」といった壁にぶち当たります。

　そんな時に、このアフリカのことわざを見て、ハッとしました。私は**「人に頼ってはいけない」と思って、逆に「相手を頼らせること」もせず、勝手に自分や周囲との壁を作って、枠を決めていた**のです。

　そこから、周りにいる人に「困っていることや知りたいこと」などを素直に話してみると、みんな快く「知恵やヒント」をくれると気がつきました。

　実は「人をうまく頼ったり、自己開示をしてお願いしたほうが、それをされた人もする人も、WIN-WINに感じ、人間関係をよくする」という心理学の研究結果があります。

　自分の理想の時間の使い方を、より実現しやすくするための鍵は、**「他者とのつながり」**に隠れているのです。

　上手な「他者との関わり」を築くには、**「足し算時間の一部」を周囲の人に還元していく**ことが大事です。小さなことで構いません。

　職場の人にエレベーターに先に乗ってもらう。
　保育園で急いでいるお母さんを先にドアから出してあげる。

同僚が何か困っていたら声をかけて手伝ってあげる。

なんでもいいです。1分もかからないことも多いです。見返りを期待するものでもありません。**相手から「何か返ってくる」と思わない程度の、自分にも負担が少ない「自分にできることや時間」を渡していく**のです。

渡すものがない！　と思う人は「過去の自分が困ったこと」を、過去の自分と同じような悩みを持つ人に「経験を情報」として渡すだけでも喜ばれます。

A→Bに渡った「そのコトや時間」は、次はB→Cへと送られていく、このつながりが広がっていくことを、欧米では「ペイ・フォワード」と呼んでいます。

自分が足し算時間を使って、この起点になってみるのです。

**まずは差し出すことからはじめましょう。**

私の1例ですが、私の理想には元々「本を書く」はありませんでした。読書は大好きですが、まさか自分に本が書けるなんて想像をしたこともなかったのです。

しかし、ブログやVoicy（音声メディア）で、過去の困っていた自分（フルタイム勤務＆ワーママで時間がない）に向けて、時間の使い方やその苦労や改善したコツなどを発信していたら、「共働きの時間術が参考になった、ワーママとして勇気が出た」などのお声をいただくようになりました。

すると「本を書いてみたらいいんじゃない？　行動してみた

ら?」と言ってくれる人たちが現れました。

　そんなことはできないと思っていると、また別の人たちが知恵を授けてくれ、結果的には色んなつながりから、こうして今、本を書いています。

　私は「何かリターンがあるだろう」と思って行動をはじめたわけではありません。しかし**自らが起点となって、足し算時間を使っていたら「他者とのつながり」が生まれ、「到達できないと思っていた世界」に気づかせてくれた。連れて行ってもらえた**。そう理解しています。

　さらに「他者とのつながり」を意識しはじめると周囲の人々に関心が向きます。

　すると、縦（上司と部下、親子）や横（友人、同僚）の人間関係だけでなく、**ナナメの関係**（利害関係がない人々、ご近所さんや保育園の先輩パパ・ママ、趣味関係、ネット上での知り合いなど）の存在に改めて気がつくようになります。

　このナナメの関係というのは、老若男女、育ってきた背景や価値観が異なる人々から作られます。

　最近は企業でも、ナナメの関係を作ることは組織の心理的安全性を高めるとして、「他部署合同イベント」などの機会を設けている会社もあります。利害関係がないからこそ、次のようなメリットがあります。

　1　素直な相談ができる
　2　多様な意見が聞ける
　3　視野を広げてくれる

普段の生活では、縦と横の人間関係になりがちです。特に「迷惑はかけられない、1人で頑張らなければ」と思っている人ほど、縦横の人間関係、利害関係でばかり判断しがちです。

　しかしこのナナメの関係を意識して大事にすると、お互いにいい影響をもたらしてくれて、幸福を高め合う可能性がアップします。

　さらに言えば、幸運な偶然、セレンディピティが起きることだってあります。
　セレンディピティとは「素敵な偶然や予想外のものを発見する」という意味です。
　キャリアの成り立ちは色々な選択や、出会いの結果がつながった先にあるものだという考え方（計画された偶発性理論）があります。

　縦横だけでなく、ナナメの人間関係を持っておくと、「点」を「線」にしてくれるような思わぬ「縁」につながったり、自分の考えとは違うひらめきを人から得たりします。
　これもまさに「1人だけ」では気がつかない「世界」を「他者」がもたらしてくれる1例です。

**「自分だけ」が「理想」になる足し算では「早くは行ける」けど「遠くには行けない」**

　ぜひ「他者とのつながり」は自分の理想を呼び込んでくれ

る幸運の鍵になるかもしれない、そしてその関わった人の幸福にもつながるかもしれないと目を向けてみてください。

　足し算の好循環を意識しはじめたら、まずは自らが差し出す。「自分」以外にまで目が向くようになると「足し算」時間の効果は複利で広がっていきます。

## 第5章まとめ

- [ ] 理想の1日を書き出し、現実とのギャップを見つけよう
- [ ] スモールアクションを積み重ね、ルーチン作業は自動化しよう
- [ ] 空いた時間にすることをあらかじめ決めておこう
- [ ] 足し算項目はKPT法で定期的に見直そう
- [ ] ナナメの関係を作り、足し算をうまく回そう

# 時間にまつわる
## Q&A

悩む時間がもったいないと思っているのに悩んでし
まいます。

例えば、職場で同僚から子育て中のため残業不可である
ことを「早く帰れていいね」と言われると、「早く帰ってるわけ
ではないし、定時上がりなのに……」と頭でわかっていても、
「本当は嫌われているのかな」と、ずっと気になってしまいま
す。

割り切ればいいのですが、気持ちがついていかないです。
悩まないで済む方法はありますか。

A それは、なんとなく気になってしまいますよね。私だっ
たら、そのモヤモヤを持ち帰ってプライベート時間にも
考えてしまうと時間がもったいないので、帰りの電車で紙に書
いて外に出してみます。

書き方は「早く帰れていいね」と同僚から言われた事実と、
そこから自分が感じた感情や想像した解釈を分けます。まずは
先入観を持たず、とにかく覚えていることや感じたことを書い
てみてください。

書き終えてみると、何か見えてきませんか?

事実は1つですが、そこから感情や解釈はいくつも生まれ
ています。これは全部、質問者さんが持っている価値観から
出てきているものです。悩まない方法はないかもしれませんが、
事実と解釈と感情を分けていくと、本来は悩まなくていい事実
を悩みにしているだけかもしれないという気づきがあります。

書いてみると、その悩みは「どこから発生しているのか」見える化します。案外、悩む必要がないことまで、悩みになっていませんか？

　まずは自分の中から「言葉にして出す」→「事実と感情、解釈を分ける」→「価値観に気がつく」をやってみてください。

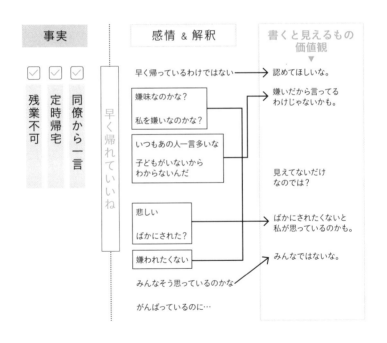

Q 結婚して3年目、子どもはまだいない32歳です。いつもぎりぎりの私と、余裕を持って行動したい夫。時間に対する価値観が違って、一緒に出かける前など喧嘩になります。出発時刻を決めていて、ギリギリまでバタバタしていると「準備が遅い、時間を守って」と言われます。

私は間に合えばいいという考えですが、夫は5分前には玄関にいます。子どもができたら、ますます時間の使い方で揉めそうです。どうしたらいいでしょうか。

 夫婦で時間に対する感覚が違うと、揉め事になりやすいですよね。

パートナーさんは、「予定通りより余裕を持って進めること」を大事にされていらっしゃるのかと思います。逆に質問者さんは、「時間通りに進むこと」に優先度を置いているのでしょう。これはどちらが良いとか悪いとかいう問題ではありません。その人が何に価値を置いているのか、その優先度によって齟齬が生まれているだけです。

夫婦は、そもそも赤の他人なので、価値観や優先度が同じになるわけがありません。お互いが大事にしているものを少しずつ話し合って、尊重するか、どう折り合いをつけるのか、話し合って関係性を深めていくことが結婚生活の継続につながります。

このケースのように、すれ違う場合は、まずはお互いがなぜ「余裕を持って過ごしたいのか、オンタイムでいいと思ってい

るのか」の真意を話し合われてみてはいかがでしょうか。

　話してみると「時間に余裕があると気持ちが落ち着く、焦るのが嫌」とか、「時間通りに進めばいいのでゆっくりしたい」など、2人のもう少し深い時間に対する捉え方が見えてくるはずです。夫は余裕を持ちたい、妻はゆっくりしたいなど、共通の大事にしたい価値観が見つかれば、それは夫婦で大事にしていけばいいので、そこを掘り下げてみます。

　例えば、出発時間を決める時には「妻側は夫より5分早い出発時間をスケジュールに入れる」。そうすれば夫は通常のように5分前に準備できるし、妻はオンタイムで進められます。出発時間の設定を変えただけですが、お互いの価値観を尊重した形で仕組みを変えることができます 。

　子どもがいてもいなくても、夫婦には色々な揉め事があります。しかし、きっとそれは今回のように「時間の使い方」そのものがズレているのではなく、価値観のズレからきている。
　尊重し合えるポイントを見つけ、仕組を作って乗り切っていきましょう。

2歳と5歳の子どもがいるワーキングマザーです。いわゆるホワイト企業にいて、のんびり働いています。

最近、「時間の切り売り」「労働集約型の働き方」という考えを、36年生きてきて初めて知りました。会社員だけでなく、医者や税理士さんなどの士業の方でも、「自分で働かないとお金が手に入らない人」は労働資本で生きていると聞いて驚きました。時間の切り売り的な働き方をしないようにするために、何かヒントはありますか？

---

まず日本の学校教育では、多くの人が会社員や労働集約型の仕事に就くことが推奨されています。資格を取ろう、有名大学に行こう、がよいとされる世界です。なぜこれが推奨されるかというと、学校を出た瞬間から安定的に給与がもらえる道だからです。そのため、労働集約型以外の働き方を見ぬまま30代、40代になる人は多くいます。

では、労働集約型でない働き方とはどんな仕事でしょうか。答えは有名な『金持ち父さん貧乏父さん』（筑摩書房）という本に書いてあります。人間の働き方はE：労働者、S：自営業者、B：ビジネスオーナー、I：投資家の4種類であり、この中ではEとSが労働メインの働き方です。BとIは仕組みや資産がお金を稼いでくれる人たちです。

例えば、高収入の資格として医師が挙げられますが、医師も自分で動き、時間を使わなければ収入を得ることはできませんので、E（勤務医）、S（開業医）です。

ビジネスオーナーや投資家になれば、自分が動かずともお

金が入ってくるようになります。例えば、仕事をする人を雇う、お金を投資して配当金を得る、これは時間の切り売りをしなくても収入が得られます。

　私たちは歳を取れば取るほど、体力という労働資本においての価値が一番高いものを失っていきます。人間は老化に伴って、いつかEやSの働き方はできなくなりますが、BやIなら、年齢という時間に縛られず仕事ができます。
　そんな働き方に興味があるのであれば、会社員のうちから、ビジネスオーナーや投資家になるにために、小さく練習してみることをおすすめします。
　例えば、投資信託や株を買ってみる、文章を書いてネットで売ってみる、資本を買う、商品を作る、これらがスタートです。早くはじめるほど、試行錯誤の回数が増えるので当たる可能性は高くなります。足し算時間が増えてきたら、試しておく価値のある働き方の1つです。

Q 学生時代から、時間がないと焦ってしまうタイプです。準備や段取りをしていないと不安を感じやすいのですが、子育て中で常に時間がなくて、満足いくように仕事も家事も育児も、余裕を持って取りかかれず、イライラします。子どもにもつい、「早くして!」と言ってしまう自分に自己嫌悪です。何かいい方法はないですか?

A それはご自分のペースで動けず、ストレスが溜まってしまいますよね。お察しいたします。

とはいえ、時間を増やすことはできないので、対処法を考えていかなければいけません。

子育て中に時間がないと感じる原因の多くは、子どものお世話に関する細かい選択や作業が多い、やることが多く集中力が続かない、常に考えることがあり脳の働きが下がる、寝不足で体調が万全ではない、などが挙げられます。

時間飢餓という概念があります。やることが多すぎて時間がないという感覚が、生産性を下げているという考え方です。

例えば、掃除を今からやろうとして、1時間後に約束がある場合とない場合では、どちらが集中して長く掃除に取り組めますか? きっと、次に予定があると思うと早めに切り上げてしまうのではないでしょうか。かといって、次の約束までに何かするほどの時間はない。

子育て中は、行動が細切れになる上に、終わりが決まった時間が多いため(お迎えや食事・入浴・就寝など)、こういった状態

に陥りやすいです。さらに質問者さんのご性格では、準備が足りないと考えるほど焦ってしまい、合間にムラ時間が増えて効率を下げている可能性もあります。

この時間飢餓を起こさせないためには「やるべきことはそんなに多くない、時間はある」という感覚を持つのが大切とされています。

まずは、「やるべきこと」「やったほうがいいこと」の２つに現在やっていることを分けてみませんか（項目が多すぎるなら、やったほうがいいことは引き算候補に！）。

その中で、準備や段取りをしていないと困るものは何でしょうか。思っているよりは少ないはずです。それをリスト化してみるだけでも「そんなに多くない」と気持ちを落ち着かせることができます。

また、イライラしはじめたら、コーピング（ストレスに対処すること）アクションを決めておくのもいいですね。「水を飲む」「手を洗う」など、リスト化しておきましょう。分解していけばきっと焦りに対処できるはずです。応援しています。

Q　共働きです。核家族で実家が遠方なため、出産後に私が時短勤務を選びました。時短勤務だからといって、自由な時間が増えるわけでもなく、帰宅したらダッシュで保育園のお迎えからの育児です。

　しかし、夫は「時短で給与が減った分は僕が働いて頑張るから。育児をしてくれてありがとう」と残業も好きなだけして、勉強のためと言って土日もでかけます。家族のために頑張っていると言ってくれますが、好きなように働く彼にモヤモヤします。

A　まず、時短勤務をはじめる時に、夫婦でどんな話し合いをしましたか？　妻が時短勤務を選ぶことについて「夫がメインで働き、私が家事・育児を頑張る」と合意しましたか。

　仕事と家事・育児の時間ですれ違いが発生する夫婦の多くは、「とりあえず、子どものお迎えと時間が厳しいから妻が時短にする」とは決めたが「家事・育児のお互いの負担度」「どこまで仕事にコミットするのか」「子どもの年齢が上がったらどうするのか」を最初に話していないケースが多くあります（我が家もそうでした）。

　質問者さんから見たら、好きなように働いているように見える夫でも、もしかしたら「本当は家でゆっくり過ごしたいけど、妻が時短勤務中にスキルも収入も上げておいたほうがいいから、残業も勉強もしないといけない」と思っているかもしれません。

また、時短勤務で帰った質問者さんが、どの程度、家事・育児に時間を使っているのかが見えていないのかもしれません。質問者さんは現時点で、夫の「家族への時間の使い方」に不満を感じているからモヤモヤしているのだと思います。

　さらに言えば（私の想像ですが）、「夫のキャリアはどんどん形成されていっているのに、私だけが家事・育児。キャリアも先細るしずるくない？」と思っていないでしょうか。
　もし、時短勤務を選択する前に、夫婦で話し合って家族の方向性を決めていないなら（たぶん決めていたら、私には質問を送ってこないはず）、そのモヤモヤは、夫婦の時間や役割、キャリアに関する話し合いをするチャンスです。

「2人のキャリアのアクセルをいつ踏むか」
「夫が今なら、妻は何年後にするか」
「お互いにその時期を支えられるか」

　何年も経ってから「あの時、私が我慢して……」となる前に、未来の自分のためにもお話しされることをおすすめします。

37歳、長時間労働タイプの企業で管理職をしています。3歳の娘がいます。

妻は出産後に、家事・育児との両立が難しいと言って仕事を辞めました。しかし、最近は「毎日、同じような日々で、育児が大変だ」と愚痴が多く、仕事に復帰したらどうか？ と思っています。毎日、料理や掃除をしているわけでもなく（批判はしていません）、勉強などをしているわけでもありません。妻の時間の使い方がよくないように見えるのですが、アドバイスをいただけないでしょうか。

---

まず、パートナー（妻）が朝から1日中、30分刻みで何をしているかを書いてみてください。書けましたか？ 書けなかったら、パートナー（妻）と一緒に書いてみてください。

質問者さんは「妻の時間の使い方がよくないように見える」と言われていますが、実際に3歳のお嬢さんがいて1日家で過ごしていると、驚くほど細々した見えない時間が多いです。

書いてみるとわかりますが、ご飯の用意をする、食べこぼしを拭いてやる、ぐずっているのをあやしてやる、こんなことをしているだけで1時間なんてあっという間に過ぎます。

質問者さんから見たら「今日1日何していたの？」と思うかもしれませんが、パートナー（妻）は「今日1日、○○をしていた」と言えないくらいの細々とした時間しか過ごせていない可能性もあるのです。

パートナー（妻）の愚痴が続くのは、この生活リズムが嫌だ

からではないでしょうか。育児はすぐに結果は見えません。ですが、その積み重ねで子どもは成長します。家事も、快適な状況を維持するためのもので、毎日何かを達成している訳ではありません。

　加えて、幼児といると自分の時間を取ることは難しいです。よかったら1度、土日の48時間、育児と家事（必ず家事もです）代わってみてあげてください。パートナー（妻）の時間の使い方と、「毎日同じような日々で……」の意味がわかると思います。

　人はやっていないこと、見ていないことは想像で判断します。質問者さんは、長時間労働タイプの企業で管理職をしていると書かれていますが、それだけ長く働けるのは、後ろで誰が家を快適にして、お子さんを見てくれているのでしょうか？

　やってみるとわかります。きっと、質問者さんならやってみたことで、パートナー（妻）に対する行動が変わるはずです。そして、そんなあなたを見てパートナー（妻）も変化すると思います。パートナー（妻）のために私に質問を送る行動力があるのですからぜひ！　応援しております。

社内の会議の相談です。遅刻には厳しいのに、会議の終了がいつも延長します。私は保育園のお迎えがあるので、終わりの時間を気にしてドキドキしますし、「すみません、お迎えがあるのでここで失礼します」と席を立つのもしょっちゅうです。平社員なので、時間を決める権限はなくて……。過去のご経験から、会議をうまく時間通り終わらせるアイデアはないでしょうか？

終了予定時間があるのに、会議時間がどんどん延長するのは困りますよね。

日本の会社では、開始時間には厳しいのに、終わりの時間が長引く会議は多くあります。保育園のお迎えに焦るお気持ち、よくわかります。

まず、その会議にアジェンダはありますか？

一般的な会議では、誰が、何の議題を、何分の持ち時間で受け持つ、と時間配分が決まっているはずです。まず、この会議アジェンダがないのであれば、質問者さんから提案して、作られてはいかがでしょうか。そうすると会議自体の進行と終了時間が明確になります。アジェンダが既にある場合でも、タイムキーパー、進行役は議題ごとに決まっていますか？決まっていなければ、これも提案して決めてしまいます。

コツは「入れていいですか？」ではなく「どなたにしましょうか？」と一般的にはあるものだという前提で、上長に聞けばいいと思います。

そこから会議がはじまる前には、進行役の席に印刷したアジェンダをそっと置いておきます。議題ごとに進行時間、進行役が決まっていると、参加メンバーにもそれとなく知らせましょう。その上で、質問者さんはタイムキーパーに名乗り出ます。会議の進行者に「持ち時間の終了5分前と終了時に、タイムキーパーとしてお声をかけますね」と伝えておきます。これをやり続けると……会議時間は、予定通りに終了するケースが増えるはずです。

　実はこの手法、私が会社員時代にあまりに会議が長引くのでやったことです。最初は「5分前です」と言われても、気にせず進行する先輩もいましたが、段々と「時間通りに進行したい」と、参加者に時間概念が浸透していきます。気がつけば、ほぼ全てのチーム会議は時間通りに終わるようになりました。

　質問者さんが、やるかやらないかは自由です。ただ、やらぬ後悔よりやる後悔のほうがいいと思い、私はやってみただけです。どうぞ、応援しております。

デジタルツールと手帳で時間を管理しているとはる
さんは言われていますが、使い分けの方法を教えて
ください。いろんなツールがあって、入力することに振り回さ
れています。時間をうまく使えるように、ツールを使いこなし
たいです。

私はデジタルツールで現在の時間を管理していて、手
帳は未来の時間を管理することに使っています。

デジタルツール（Googleカレンダーなど）に予定を入れると、
スマートウォッチと連動でき、予定の15分前にアラームを鳴ら
してくれます。私は忘れっぽいので、ゴミの収集日から息子の
学校の書類提出日など、日々の予定を全てデジタルカレンダー
に入れて、リマインダーをかけています。こうすることで、次
の予定なんだったっけ？　ゴミの回収日いつだったっけ？（特に
資源ごみなど月1回しかない予定は重宝）と、無意識に使っている脳
のメモリを解放できます。すると、思考力が維持でき、他の使
うべき時間のタイムパフォーマンスが上がるので、現在の時間
（予定がはっきり決まっている時間）は主にデジタルで管理していま
す。

他にも家族の予定も共通のデジタルカレンダーに入れて、
すれ違いがないようにしています。

では手帳は何に使っているのか？　これは「未来の自分のた
めに」使っています。時間の見える化をした時に「理想の1日
のスケジュール」を書きました。そこから、引き算をして足し
算をします。この足し算、引き算予定や、試行錯誤している

内容を手帳には記しています。

　例えば、半年後のこの時期に「登山をする」と決めたとします（足し算）。すると1ヶ月ごとに逆算して、毎月何ができるのか（引き算、足し算）を書き込んだりしています。1ヶ月目は登山情報を調べる、そのために読書時間を15分減らすなどです。これは現在の時間軸とは合致していないし、変わる可能性も大なので、手帳で管理をしています。

　このデジタルと手帳の使い分けは、やり続けることによって、現在と未来の時間が言語化して理解できたり、現在とのつながりも見えるようになるので、使い分け管理はおすすめです。

ワンオペ育児中のフルタイム会社員です。夫は毎日21時過ぎに帰宅します。

子どもが小学生になってから（小1の壁）、時間管理が難しいです。時間割やプリントのチェックなどがある上に、宿題もダラダラしている息子に「早くやりなさい」とばかり声がけしています。こっちは家事もしつつ、下の保育園児も見つつなので「このやり方ではダメだ」とわかっていますが、余裕がありません。仕事を辞めたくなっています。

それは大変ですね。私も長男が小学校1年生の時は、フルタイム勤務で19時に帰宅後、寝るまでに2時間しかない中、保育園児の次男と長男の宿題や保育園からのお便りを見ていたので、時間管理が難しかったです。

まず、帰宅後に使える時間と、何をやらなければいけないのか、タスクを書き出してみましょう。時間の足し算・引き算と一緒です。まずは、やっていることの見える化、そして使っている時間に優先度をつけるしかありません。

例えば18時に帰宅して21時には就寝予定。それなら3時間しかありません。寝るまでに家事・育児及び、小学生のお子さんが何をやるのか書き出してみます。家事は「夕食作り、食事の片付け、洗濯、洗濯物を干す、入浴、保育園準備」、子どもがやることは「宿題、丸付け、時間割、鉛筆削り、連絡帳チェック」とします。

優先度は、お子さんが明日学校に行くための準備だと思い

ますので、まずそれに何分かかるのか記載します。「宿題30分、丸付け15分、時間割5分、鉛筆削り5分、連絡帳チェック5分」なら1時間です。

これを子どもと一緒に、どの項目を何時にやるのか決めて紙に書きます。19時に宿題30分、20時に丸付け15分など、帰宅後の時間割を作ります。その作った時間割を子どもと見える場所に貼ります。

そこから、合間の時間に家事を入れていきます。時間内にやり切れない家事があるなら、ここでは諦めます。帰宅後の夫に頼む、そもそもやらない（引き算項目参照）などをしていきましょう。

まずは、小学生のお子さんが何をするかの「見える化」のお手伝いが大事です。時間は有限です。小1のリズム作りのほうが、皿を洗うよりも優先度が高いと思います。

それが2、3年生と響いてきますので、ぜひ今のうちに。ちなみに「時間割」通りにやらなくても怒りません。家族は21時には寝るから、それまでにやらないのなら自分でやってねと普通に話しておきます。「時間を見てやらないと誰も管理してくれない」の練習です。できない項目が多いなら随時見直し、できたならほめるを繰り返して少しずつ習慣化していきましょう。お互い、子育て頑張りましょうね。

**Q** 時間や場所に縛られない生き方に憧れがありますが、みなさん（私から見たら）怪しいお仕事が多く、普通の会社員の私には何で収入を得ているのかイマイチ理解ができません。時間に縛られない働き方ってなんでしょうか？　どんな働き方がいいと思いますか？

会社員だったはるさんに伺いたいです。

---

**A** 逆質問になりますが、「場所や時間に縛られる働き方」というのはどんな働き方だと思いますか？　会社員や公務員のようにみんなが決められた1つの場所に集まってする仕事、飲食店や店舗など場所に人が来る仕事、美容室やジムなど人に直接サービスする仕事 、挙げれば切りがないですが、この人たちは、質問者さんから見て、怪しくない人たちですか？　一概にそうとは言えないのではないかと思います。

　場所や時間に縛られない働き方を選択する人たちは、場所（会社やお店）や時間（勤務時間や営業時間）が縛ってくれないので、自分で自己管理をしてお仕事されている方が多いです（作家さんや不動産賃貸業、トレーダーなど色んな仕事がありますね）。

　この人たちは「決まった時間」には縛られていませんが、自分で仕事時間を調整しているだけで、全く時間に縛られていないわけではありません。また、自分の好きなタイミングで仕事を入れることはできますが、仕事の時間見積もりを立てるなど、先を見通す力と計画性が必要です。

怪しい仕事かどうかは、自分が「知っている職種かどうか」の違いに影響される部分が大きいです。そのため、時間や場所はあまり関係ありません。

　では、どんな仕事や働き方がいいのか。私個人の意見としては、自己管理ができて、仕事の種を自分で考えて見つけられる人は、時間や場所に捉われない働き方が向いていると思います。

　逆に、1つの場所に出勤して時間管理をしてもらったほうが働きやすいという人もいます。

　働き方はどれが良いとか悪いとかではなく、その人に向いているかどうかが重要なファクターです。

　そのため、ご質問の回答としては、どんな働き方がいいかは「その人」によって違います。

　ぜひ、質問者さんの理想の1日を書いてみて、自分が幸福を感じる時間の過ごし方と、合致する働き方は何かを考えてみてください。

Q 共働きです。妻をサポートしたいので、保育園のお迎えを週2回、送りは週3回、家事は皿洗いや洗濯干しなど担当しています。

　しかし、職場の上司や先輩は「そんなの女の仕事だろ」という姿勢で、お迎えのために定時に帰ったり、出張をずらしたりすると嫌味を言われます。プライベートの時間にも口を出す、もうそんな時代ではないと思いつつ、評価者の上司にこの働き方を見せ続けると、会社で先がないのではと不安になります。何かいい策はないでしょうか。

A 多様性（年齢、性別、働き方）を持った社員が多く在籍する企業なら、個々の社員の生活環境が異なっているため、家事・育児と仕事を両立する男性が否定されることは稀です。

　しかし、メインの働き手が夫で、専業主婦もしくは共働きでも家事・育児はほぼ全て妻が担うという環境の人ばかりを在籍させている会社では、質問者さんのような、共働きマイノリティは、正直理解されにくいと思います。

　社内で、質問者さんのように共働きでやりくりをしている同僚や先輩は何人いますか？　ある程度の人数がいるのであれば、質問者さんの会社も今後変化していく可能性が高いため、現在の評価など気にせず、働き続けたらいいと思います。

　しかし、社内を見渡しても共働きは自分1人、先輩や後輩も似たような背景と気がついたら、どこかで覚悟を決めなければいけません。具体的には、

① 育児中は社内で高評価を狙わない
② 妻が家事・育児の負担を増やし、夫は仕事をメインにする
③ 共働き社員を多く受け入れる会社に転職する

です。全て両立したいお気持ちはわかりますし、応援したいですが、それを肯定的に捉えてくれる会社ばかりではありません。残念ですが。

人材サービス会社のアデコが、子育て中の30代男性会社員と上司に当たる50代男性管理職（合計1000名）に仕事や家事・育児の分担に関する意識調査（2020年）を行ったところ、9割以上の管理職が、家事・育児による、部下の「残業なし」「看護のための有休取得」「飲み会欠席」に理解を示すが、女性部下と比較して男性部下に対しては寛容度が厳しかったとあります。

質問者さんは共働き男性の過渡期の世代にあたり、色々と悩まれると思いますが、自分で選んでいくしかないのです。横にはマイノリティで奮闘している強い味方ワーママの妻がいるはずです。有限な時間を有意義に使うためにどんな選択をするか、ぜひパートナーと話してみてください。応援しております。

## おわりに

　みなさん、この本を読んでみて、時間に対する概念が変わりましたか。時間の見える化、引き算、足し算という3つの方法を紹介しました。全てを通して、自分の考えや価値観に向き合う作業であり、時に痛みを伴い、時には楽しい部分もあったのではと思います。

　私自身は、この「やめる時間術」を7年前から、何度も試行錯誤してきました。おかげで、当時よりは確実に「自分の生き方」を選びながら、日々過ごせていると感じています。

　さらに私は、2020年4月に大きな「やめる」をしました。16年間勤めた会社を辞めたのです。社内の人も私自身も、まさか会社を辞めるとは予測していませんでした。
　しかし、大きな「足し算」をしようとしたら、大きな「引き算」が必要です。コロナウィルスが流行りはじめた2020年の年明けに、私は人生の岐路に立ち、自分にとっての理想の人生を送るために、会社を「やめる」決断をしました。
　現在はこうやって文章を書いたり、ヨガスタジオを経営したりしながら、新たな「足し算時間」を積み上げているところです。

　この選択が必ずしも正解なのかは、現時点ではわかりません。人生の場面ごとの選択がよかったかどうかは、その後にどんな行動をしたかで分かれていきます。つまり、答えは私

たちの時間の使い方が「点を線」にして、後から教えてくれるはずです。

　息子2人の成長を見ていると、彼らも日々試行錯誤しているな、とよく思います。毎日がトライ＆エラーで、自分が「好きなもの・やりたいこと・できること」に時間を使いながら、自分の生き方を日々模索しています。

　ただし、彼らは純粋に「おもしろい！　楽しい!」に基づいて行動を選んでいます。子どもにはできるのに、なぜ大人になると「自分が幸せと感じるものや大事なもの」の優先度を下げ、見えなくなってしまうのか。私は、多忙な時間がこの大事なものを見えなくさせてしまうと考えています。

　この本は、著名な人が書いた「時間術」の本とは違います。共働き会社員の私が、「どうして、私はこんなに毎日疲弊しているんだろう」と思ったところから、本書の時間術はスタートしています。そんな私と同じ境遇の人たちが、少しでも「自分の時間」を考えてくれたらうれしいです。「やめる時間術」に取り組む試行錯誤も、あなたを成長させてくれる大きな歩みとなるでしょう。

　この本を書くにあたって、根気強くご指導いただきました編集担当の白戸さん、行き詰まった時に快く意見をくれたワーキングマザー仲間の蓮見さん、高野さん、感謝しております。また、書籍を書きなさいと背中を押してくれた、不動産投資家であり作家の加藤ひろゆき先生にもお礼を申し上げたいと思います。

そして、私が原稿を書いている間、子どもたちと過ごし応援してくれた夫に対しても、感謝の意を述べたいと思います。私の喜びの源となっている4歳と7歳の息子たちへ。大人になって、時間の渦に飲み込まれるのではなく、主体的に足し算時間を選んで、自分で人生をコントロールしていってほしいと願っています。

　この本を手に取ってくださった皆様へ。ここまでお読みくださり、ありがとうございました。最後に、私が迷ったり諦めたくなったりした時に、今でも思い出すワーママの先輩から言われた言葉を記して終わりにしたいと思います。

　「できますよ。あなたに無いのは覚悟だけ」

2020年12月　尾石 晴

参考文献一覧

『モモ』(ミヒャエル・エンデ 著、大島かおり 訳、岩波書店)

『Don't stop thinking about tomorrow: Individual differences in future self-continuity account for saving』(Hal Ersner-Hershfield, M. Tess Garton, Kacey Ballard, Gregory R. Samanez-Larkin, and Brian Knutson、Judgement and Decision Making, 4(4), pp. 280-286)

『いつも「時間がない」あなたに —— 欠乏の行動経済学』(センディル・ムッライナタン／エルダー・シャフィール 著、大田直子 訳、早川書房)

『無気力の心理学 改版 やりがいの条件』(波多野誼余夫／稲垣佳世子 著、中央公論新社)

『新・動機づけ研究の最前線』(上淵寿／大芦治 編著、北大路書房)

『やってのける』(ハイディ・グラント ハルバーソン 著、児島修 訳、大和書房)

『5秒ルール —— 直感的に行動するためのシンプルな法則』(メル・ロビンズ 著、福井久美子 訳、東洋館出版社)

『脳を最高に活かせる人の朝時間』(茂木健一郎 著、河出書房新社)

『あなたはあなたが使っている言葉でできている』(ゲイリー・ジョン・ビショップ 著、高崎拓哉 訳、ディスカヴァー・トゥエンティワン)

『予想どおりに不合理 —— 行動経済学が明かす「あなたがそれを選ぶわけ」』(ダン・アリエリー 著、熊谷淳子 訳、早川書房)

『6時に帰る チーム術』（小室淑恵 著、日本能率協会マネジメントセンター）

『断る力』（勝間和代 著、文藝春秋）

『完訳 7つの習慣』（スティーブン・R・コヴィー 著、フランクリン・コヴィー・ジャパン 訳、キングベアー出版）

『「思考軸」をつくれ──あの人が「瞬時の判断」を誤らない理由』（出口治明 著、英治出版）

『自動的に夢がかなっていく ブレイン・プログラミング』（アラン・ピーズ／バーバラ・ピーズ 著、市
中芳江 訳、サンマーク出版）

『これだけ！ KPT』（天野勝 著、すばる舎）

『親切は脳に効く』（デイビッド・ハミルトン 著、堀内久美子 訳、サンマーク出版）

『悩みどころと逃げどころ』（ちきりん／梅原大吾 著、小学館）

『人に頼む技術 コロンビア大学の嫌な顔されずに人を動かす科学』（ハイディ・グラント 著、
児島修 訳、徳間書店）

『人生格差はこれで決まる 働き方の損益分岐点』（木暮太一 著、講談社）

『その幸運は偶然ではないんです！ 夢の仕事をつかむ心の練習問題』（J.D.クランボルツ／
A.S.レヴィン 著、花田光世／大木紀子／宮地夕紀子 訳、ダイヤモンド社）

『改訂版 金持ち父さん 貧乏父さん──アメリカの金持ちが教えてくれるお金の哲学』
（ロバート・キヨサキ 著、白根美保子 訳、筑摩書房）

著者

お いし はる
尾石 晴 (ワーママはる)

外資系メーカーに16年勤務し、うち6年は管
理職として活躍。長時間労働が当たり前の中、
「分解思考」で時間を捻出。ワンオペ育児を
こなしながら残業0時間を達成し、チームを
社内表彰に導く。その傍ら、発信業・不動産
賃貸業・ヨガインストラクター・メンタルオーガ
ナイザー®・ライフオーガナイザー®など、会社
員以外での収入経路を次々と確保。2020年
4月に会社員を卒業し、サバティカルタイムに
突入。音声メディア「Voicy」では1000万回
再生超えを記録し、トップパーソナリティとし
て活躍中。その他、「note」や「Twitter」でも
日々発信している。SNSの総フォロワー数は
約5万人。2020年にはヨガスタジオ「ポスパ
ムfukuokaスタジオ」を立ち上げ、代表を務
める。2児の母。

ツイッター：@wa_mamaharu
インスタグラム：@waamamaharu

# やめる時間術
## 24時間を自由に使えないすべての人へ

2021年1月28日　初版第1刷発行
2023年5月29日　初版第4刷発行

著　　者　尾石 晴（ワーママはる）
発 行 者　岩野裕一

発 行 所
株式会社実業之日本社
〒107-0062　東京都港区南青山6-6-22
emergence 2
電話（編集）03-6809-0473
　　（販売）03-6809-0495
https://www.j-n.co.jp/

印刷・製本　大日本印刷株式会社
装丁・本文デザイン
三森健太（JUNGLE）
本文DTP　加藤一来
校　　正　くすのき舎
編　　集　白戸 翔

©Oishi Haru  2021 Printed in Japan
ISBN 978-4-408-33954-2（新企画）